我们生活在同一个地球
We all live on the same planet
外交官带你看世界

比利时旅游指南

BELGIUM

欧洲心脏

外交官带你看世界

比利时

何承伟
丛书总策划
宋明江 著

上海故事会文化传媒有限公司
上 海 锦 绣 文 章 出 版 社

名誉顾问
王　殊　外交部外交笔会会长、外交部前副部长
吉佩定　中国前外交官联谊会会长、外交部前副部长

总策划
何承伟

主　编
张　兵　外交部外交笔会副会长

外事顾问
刘一斌　外交部外交笔会副会长
汤铭新　中国前外交官联谊会副会长
马恩汉　中国前外交官联谊会副会长
刘振堂　中国前外交官联谊会副会长

英语顾问
施燕华　外交部外语专家、中国翻译协会常务副会长

文稿审定
外交部外交笔会图书审核小组：
黄桂芳　尹承德　陈久长　朱祥忠　潘正秀　陆苗耕

编辑与营销
冯　杰　李　欣　夏青根　李　平　谢奕青　冯维恩
杨　婷　汪冬梅　赵卓琳　高淑芳　程　俊　陈丹正

流程管理
韩　洁　王玉楠

设计总监
周艳梅

装帧设计
王　伟　孙　娌　费红莲　杨超琼

广告与宣传
吴珏伟

特约审读
王瑞祥

图片提供
宋明江 Panoramio

跟着外交官到地球别处去看看

我在上海曾遇到一对老人，他们俩一退休，就去欧洲旅游了85天。

出于好奇，我问他们："难道你们在中国都游遍了？"

他们说："没有。我们是先游远的，后游近的。"

我又问："你们俩不懂英语，没有出过国，又不靠旅行社，是什么力量支撑你们去周游世界的呢？"

老人意味深长地说："人都怕死，但更怕没有目标。年轻时有年轻时的目标，今天有今天的目标。"

"那你们今天的目标是什么？"

"今天，我们就盼望着到地球的别处去看看。"

听了这对老人的话，我才感悟到："富起来的中国人，盼望着到地球的别处去看看。"——这就是世界旅游业普遍感到"寒气逼人"时，中国出境游市场仍处于上升通道，保持两位数增幅的原因。

这对我一个出版工作者来说，不仅是个服务的机会，更是一个发展事业的机会。

所幸的是，一次去北京出差，我遇到了一大批前外交官。他们不仅熟悉如今中国人的需求，同时也了解曾经工作过的国家的情况。他们在岗位上时，是

中国人民与所在国人民的友谊使者，今天，他们是否可以把自己多年的积累和感受，浓缩在一本10万字不到的图书之中，通过这本书，介绍这个国家的历史文化，风土人情，旅游资源，从而架起一座国与国之间的友好桥梁，让中国的读者走近这个国家？

于是，一套富有创意的系列图书诞生了：《我们生活在同一个地球——外交官带你看世界》。

在这套图书出版的过程中，我们还得到了有关国家的驻华大使馆、旅游机构人员的大力支持，他们不仅提供了不少独特的内容信息，还筛选了不少精美的图片，提供给这套丛书使用，使《我们生活在同一个地球——外交官带你看世界》成为图文结合、立体展示该国旅游资源的图书。

《我们生活在同一个地球——外交官带你看世界》至今已陆续出版约50种，今后力争做到凡是中国人出境游所涉及的国家都能出版一本。同时，为了使我们的成果具有持续性，我们每年都会对这套书进行修订，提供最新的文化信息和实用信息。

整套丛书投放市场已有两年，最令人感到欣慰的是，不少读者已慢慢产生一种概念：要出境旅游，就要找一本《我们生活在同一个地球——外交官带你看世界》陪伴着自己。

丛书总策划

致辞

尊敬的读者:

我荣幸地带您浏览本书的前几页。2011年正值比利时王国和中华人民共和国建立外交关系40周年,我们两国的合作和友谊有着悠久的历史,可以追溯到几个世纪以前,直至今日我们还在创造着共同的未来。

另外,我们通过一些庆祝活动使两国人民在多方面进行接触。通过许多人的努力丰富了比利时与中国之间的友谊,如宋大使,我在担任我们外交部亚洲司领导时结识了他,那时他任中国驻比利时和欧盟的大使,在那个时期,比利时是欧盟轮值主席国,我和宋大使的工作合作非常密切。我经常回顾那个富有成果的时期,并对我们之间的交往记忆犹新。

十年后的今天,比利时又成为欧盟轮值主席国,我们的道路再次交织在一起。我感到非常荣幸能够被邀请为本书撰写序言,本书讲述一名大使在比利时的经历和有关欧盟及比利时事务方面的知识,毫无疑问它具有特殊的价值。宋大使的态度和观点让我从一个不同的角度认识我的国家,它通过图片让我重温了比利时美丽的城市,再现了早已逝去的记忆。

尊敬的读者,我希望您能和我一样尽情地享受阅读本书,我确信它不久将会成为中国旅行者们前往比利时不可或缺的伴侣。

比利时驻华大使
奈斯

我于1997年被任命为驻比利时大使兼驻欧共体(即后来的欧盟)使团团长,在布鲁塞尔工作生活了近五年的时间。说来也巧,在我很小的时候,"比利时"这个名字是我听到的除了美国、英国、法国、日本之外的第五个外国国家的名字。这是因为我出生在天津,而天津那时的有轨电车是比利时公司早在1904年就开始经营的,所以旧时的天津人都知道"比商"电灯电车公司,我从大人的口中听到了"比利时"这个名称。当时无论如何也不会想到几十年后我会当上驻比利时的大使。正是这个机缘,使我对比利时产生了浓厚的兴趣。应当说,近五年的时间对了解一个国家来说是很短、很不够的。尽管如此,这个国家独特的历史、政治、文化以及发达的经济仍然给我留下了深刻的印象。

首先,比利时在经济上成绩骄人,它的人均生产总值达到37000多美元,其对外出口占国内生产总值的80%以上,这个只有千万人口的国家的贸易额多年来一直居于世界前列,是一个富有活力的外向型经济国家;其次,它在科技和文化上对世界的进步所做的贡献之大,与它的人口总量及国土面积之小相比,是非常难能可贵的;再次,它是欧盟的创始成员国之一,而且始终积极忠实地推动欧洲一体化建设,并为此做出了重要贡献;第四,其独特的君主立宪联邦制的政治体制,为维护不同语言文化特性,协调不同语言地区的利益,维护国家的统一和安全,起到了至关重要的作用,这也在国家管理上给世界提供了范例;第五,比利时地处欧洲拉丁文明和日耳曼文明交汇之处,两大文明特性兼而有之,欧洲历史上许多重大事件都不同程度地与比利时有关,深入了解比利时无疑将有助于更好地了解欧洲;第六,布鲁塞尔作为欧盟等区域和国际组织的总部所在地和国际大都市,素有"欧洲首都"之称,这是比利时

的光荣和骄傲。笔者认为,上述这些特点并不为许多人所知。因此,本书的一个重要目的,就是要澄清一些由于历史原因被误导或被误解的认识:有一些发生在比利时的事情被误戴了他国或他人的帽子,使得许多人对比利时的了解打了折扣。有鉴于此,本书起的书名叫《欧洲心脏——比利时》。初衷如此,但限于本人的水平和能力,未必能如愿,只是确实尽力了。

在这里,我要感谢比利时驻华大使奈斯先生,他为本书写了序言,并指示使馆工作人员协助我与比方旅游部门进行沟通。我在写作过程中,曾重访比利时,受到了我国驻比利时大使廖力强和我国驻欧洲联盟使团团长宋哲大使的热情接待和帮助,驻比使馆的陈小明参赞、刘玉莉参赞,驻欧盟使团的王宏坚公使及两馆的其他工作人员都给了我很多具体的帮助,在这里,我向他们表示最诚挚的感谢。

我还要特别感谢北京外国语大学的王炳东教授,他在2001年主编的《比利时研究文集》是我在写作中的重要参考书。

在我重访比利时约一周的时间内,还得到了比利时瓦隆区各地旅游部门的大力支持,他(她)们向我提供了不少资料并安排向导,这对我是很宝贵的帮助,在此也向他们表示衷心的感谢。

在我的写作过程中,我的两位年轻朋友王羽和苏晓晖,利用业余时间帮助我为部分书稿打字。在这里也对他们的辛勤劳动一并表示感谢。

最后我要感谢我的夫人张幼云,她是我的书稿第一读者,在我写作过程中,她提出许多有益的意见,为完成本书的写作做出了宝贵贡献。

宋明江

凡·埃克雕像

目录

Self_service
3,60/100 g

旅游贴士

比利时概况

General Description of Belgium

国名	比利时王国
国旗	
国徽	
首都	布鲁塞尔
国歌	布拉邦人之歌
国花	虞美人
民族	佛拉芒、瓦隆、日耳曼
语言	荷兰语（佛拉芒语）、法语、德语
宗教	天主教（90%居民信奉）、伊斯兰教、基督教、犹太教
政府	君主立宪联邦制议会民主
面积	30528平方公里

立法机构	联邦议会 上院 参议院 下院 众议院
独立	1830年10月4日
加入欧盟（欧共体）	1957年3月25日
人口	11,007,020（2011年1月估测）
人口密度	354.7/公里^2
货币	欧元
时区	UTC+1 UTC+2（夏日时）
驾驶方向	右行
国家代码	BE
电话区号	32
电压	230/50HZ
地理环境	分为三大地理区域：西部为平原，地势平坦；中部为丘陵地带，河流众多；东部为阿登高原，多森林。博特朗日山海拔694米，为全国最高峰
气候	属温带海洋性气候，冬季温和，夏季凉爽、多雨
重要城市	布鲁塞尔、安特卫普、根特、布鲁日、那慕尔、列日等

KLEREN
VETEMENTS
oxfam
MEUBLES
Phone shop
Internet
@
WTM=97
EDUCATION

1

We all live on the same planet

古老又年轻的国家

一个既古老又年轻的国家

比利时位于欧洲的西部，北部与荷兰接壤，东临德国，南部与法国交界，东南是卢森堡，隔海与英格兰相望。面积30528平方公里，人口1100万。

比利时的正式名称叫“比利时王国”。一说起“王国”，人们自然会觉得这个国家很古老。其实，比利时王国作为统一的独立主权国家，成立于1830年，距今不到200年，应该说是个很年轻的国家。如果同现在的欧洲各个王国相比，它大概是最年轻的。但是，“比利时”这个名称和在这片土地上繁衍生息的民族却是欧洲最古老的名称和民族之一。因此，说比利时是一个既古老又年轻的国家是很恰当的。

比利时的名称和比利时人的由来

现在的比利时是历史上称为低地国家的一部分。所谓低地国家是指现在的荷兰、比利时和卢森堡以及法国东北部和德国西部各一小部分。这块地方地势低洼，13世纪时，日耳曼人称它为尼德兰(Niederlande)，意思是“低地”，在此之前并没有这个称呼。这块地方在公

元前58至前51年被罗马恺撒大帝征服。当时凯撒把这块地方和法国全境及意大利北部统称高卢，居住在这片土地上的不同民族和众多部落也都被罗马人称为“高卢人”。不过，当恺撒单指低地国家这片土地上的部落时，将他们称作“Belgae”（比利其），有时也叫“高卢比利其”。

比利时人的祖先是凯尔特人和日耳曼人。凯尔特人早在公元前1500年即从莱茵河流域南下并向西迁移，公元前5世纪到达地中海沿岸。公元前58–前51年，凯撒征服了高卢全境，到达高卢最北边的低地国家。后来，罗马帝国将高卢全

查理曼大帝

境划分为四个行省，莱茵河和塞纳河之间的行省称作“比尔吉卡”（Belgica），比利时就是比尔吉卡省的一部分，“比利时”这个名称即由此而来。公元3世纪，属于日耳曼族的法兰克人入侵，到公元5世纪，法兰克人占领比尔吉卡全境。法兰克人建立的王朝就是欧洲历史上著名的墨洛温王朝。公元8世纪，墨洛温王朝被加洛林王朝所取代。这个王朝的

阿登地区

创始人查理曼大帝就生在比利时的列日，他也是后来由教皇利奥三世于公元800年加冕的神圣罗马帝国皇帝。

在中世纪，现在比利时的北部地区（一般称作弗兰德地区）逐渐日耳曼化，成为日耳曼语的地区，而南部始终保持着罗马的影响，操非纯正的拉丁语。这个语言分界之地也正是欧洲的日耳曼和拉丁两大文明交汇之处，这种优越的地理人文环境使其形成了多元思维、开放宽容、尊重传统、敢为人先的民族性格。南部地方的住民被日耳曼人称为“walha”，意思是“陌生人”或“邦外人”。“wallon”（瓦隆）这个名称即由日耳曼语的“walha”音译而来，这个名称后来就成为对在低地国家中讲带有方言特色的法语族群的统称。

勃艮第、尼德兰、佛拉芒

公元843年，凡尔登条约使加洛林王朝解体，大国控制力削弱，于是出现了具有一定自治权的独立诸侯国，当时，这些公侯国家不是从属于法国，就是从属于神圣罗马帝国。公元11—12世纪，神圣罗马帝国失去有效统治，相当于今天比利时的领土被分割为若干独立的封建公国或侯国，包括弗兰德、那慕尔、布拉邦、埃诺、林堡、卢森堡、列日等等。这种情况同我国春秋时代诸侯林立的情况极为相似。到了13世纪，分属两大势力的一些公侯领地联合组成了一个松散联盟——勃艮第公国。这时北部日耳曼人开始称呼勃艮第公国所辖区域为尼德兰，意思是神圣罗马帝国的“低地”，到15世纪，这个名称已经非常流行。低地国家有时又称弗兰德，据当时的学者称，这个名称当时也遍及整个基督教世界，这是以部分代称全体的习

凯撒大帝

尼德兰革命战争

惯现象。15世纪最后的1/4个世纪，还出现以比利时或比尔吉卡代称低地国家的现象，这种情况在法语和拉丁语的译文中尤为普遍。鉴于上述名称的历史沿革，当你读到或者听到这些名称时，必须从上下文中来辨别清楚它是指代部分还是指代全体。

尼德兰的解体

低地国家在中世纪漫长的历史中本来是难解难分的整体。但是，在15—16世纪勃艮第公国时期出现的两个历史性事件使被称为低地国家的尼德兰一分为二。第一个事件是始于16世纪上半叶爆发于德国的宗教改革运动在尼德兰获得了良好发展空间，各地受迫害的新教教徒纷纷逃往尼德兰，尤其是尼德兰北部地区，逐渐成为新教传播的重镇。然而到了16世纪下半叶，新教在整个尼德兰却遭到残酷的迫害。这是为什么呢？这就需要提到第二个历史性事件。这就是勃艮第公国同奥地利哈布斯堡王室和西班牙王室接连两次联姻导致的后果。本来勃艮第公国是公侯国的松散联合，各公侯国都有一定的独立性，拥有相当大的自治权，传统上，它们都有自己的议会制度，而且在处理各自的政治和社会事务中发挥着积极的作用。因而崇尚自由，反对独裁成为尼德兰特有的政治文化。但是，15世纪下半叶，勃艮第公国的女继承人嫁给了奥地利哈布斯堡亲王、神圣罗马帝国皇帝马克西米连，他们的儿子又同西班牙国王的公主结成连理。这种两个王室两代人的连环姻缘使尼德兰成为牺牲品。尼德兰先是成为奥地利的一部分，后来又变成西班牙的属地。16世纪上半叶，西班牙国王查理五世（勃艮第女大公之孙）对尼德兰的统治相对宽松一点，因为他生在根特，会荷语，对尼德兰社会和民情有较多的了解，他又善于笼络尼德兰贵族，所以尼德兰的日子相对好过些，尽管已开始走下坡路（赋税高，新教开始受到某种限制）。但是，到了16世纪下半叶，查理五世的儿子菲利普二世继位以后，事情发生变化，尼德兰与西班牙在经济、政治和宗教问题上的矛盾日益激化。菲利普二世是个狂热的天主教徒，他对新教恨之入骨，曾扬言，如果他的儿子是新教教徒，他就要砍掉他的脑袋。他一方面大肆掠夺尼德兰的财富，另一方面对新教徒进行残酷迫害。菲利普二世的专制统治激起了尼德兰贵族和民众的激烈反抗，尼德兰人民在奥伦治亲王的领导下发动了起义。这就是欧洲历史上第一次资产阶级革命，即尼德兰革命运动。在革命过程中，尼德兰北方七省最后成立了荷兰联省共和国。这场争取民族独立的革命运动前后经过八十年的战争，西班牙最终承认了荷兰的独立。然而，尼德兰原来是由十七个省组成，北方七省成为独立的新国家，南方十个省则继续在西班牙的统治之下，这十个省就是后来的比利时王国和卢森堡大公国。

Tips

地理位置

比利时位于欧洲西北部，东与德国接壤，北与荷兰比邻，南与法国交界，西临北海，属海洋性温带阔叶林气候。境内主要河流有马斯河和埃斯考河。

饱经磨难的土地

17–18世纪，欧洲列强主要是法国、西班牙、奥地利以及英国激烈地争夺欧洲霸权，法奥之间、法西之间，多次发生战争，战场都在现今的比利时境内，因此比利时曾被戏称为欧洲的“斗鸡场”。1701—1713年发生了西班牙王位继承战争，战争结束后，南尼德兰即比利时又转手由哈布斯堡家族统治。法国大革命后，拿破仑在法国击败欧洲列强多次反法联盟后，开始了扩张性的对外战争，比利时又被法国吞并。1815年，拿破仑战败，从此结束了法国对比利时的统治。然而，比利时的命运仍然由列强摆布。根据维也纳条约的安排，比利时被合并到荷兰。

1830年，比利时发生革命，宣布脱离荷兰，成立比利时王国，利奥波德一世于次年登基。到了20世纪，在两次世界大战中，比利时均曾被德国占领。由于比利时的东南部是通向法国的重要通道，乃兵家必争之地，比利时在两次世界大战中再次沦为重要战场，许多重大战役都发生在这里。例如第二次世界大战中著名的阿登战役就发生在毗连法国和比利时的阿登地区。比利时在第一次世界大战的四年中军民伤亡达10万人，被流放到德国做苦役的有12万人，全国80%的熔铁炉、40%的铁路遭到损毁。第二次世界大战中损失更为惨重，25万比利时人被押往德国服劳役，犹太人从战前的9万人减至2.5万人，抵抗运动成员有1.6万人被杀害。

小国挑大梁

在世界历史的长河中，能留下坐标式印记的国家和民族不在少数，古代的埃及、巴比伦、印度、中国、希腊和罗马等文明古国自不待言，近代的英国、法国、美国、德国等国所开创的近代文明更是人们耳熟能详的。无论是正面的或负面的印记，都会由于它们本身的历史意义而永载史册。然而，在这方面堪与大国媲美的小国则是凤毛麟角，而比利时便是其中之一：它曾是中世纪欧洲的中心、著名的欧洲古战场；它是欧洲大陆第一个进行工业革命的国家；它是仅次于意大利的欧洲文艺复兴运动的重镇；它曾经拥有欧洲最大的海港；它的钻石、啤酒、巧克力、壁毯、蕾丝花边享誉世界；它创造过许多世界第一；它是欧盟的创始成员国；它是号称欧洲首都布鲁塞尔的祖国……

欧盟总部

欧洲大陆率先进行工业革命的国家

我们在学习世界历史的时候都熟知，英国是工业革命的发源地。但是在欧洲大陆是哪个国家率先进行工业革命的呢？不是法国，不是德国，不是意大利，而是比利时。这出乎我们很多人的意料。

比利时是19世纪欧洲大陆第一个进行工业革命的国家，是紧随英国之后世界上第二个步入工业化进程的国家。它的工业主要集中在瓦隆地区列日、那慕尔、沙勒罗瓦、蒙斯的工业谷地带和布鲁塞尔的周围及佛拉芒地区的安特卫普、根特一带。瓦隆地区的工业谷地带有丰富的矿藏，但缺乏其他资源。因而比利时对进出口贸易的依赖很大，原料或半成品要靠进口，制成品要出口。所以它的交通运输业很发达，修建了出色的港口、运河、铁路和公路运输的基础设施，把自己的工业同邻国紧密联系在一起。它的主要工业有钢铁、纺织、冶炼、化工、食品加工、制药、汽车、电子和机械制造等。它的服务业更为发达，占整个

佛拉芒区

国内生产总值的74.9%，外贸占国内生产总值的2/3以上，欧盟成员国是它的主要贸易伙伴，3/4的贸易是同欧盟国家进行的。比利时在贸易上的优势首先在于它地处西欧中心，地理位置优越，距德、法、英、荷等国的经济中心都很近；其次，劳动力整体素质高，劳动生产率高。据说，汽车装配量按人均计算，比利时居世界第一。

瓦隆地区是比利时最早的发达工业区，是比利时重工业的摇篮。从18世纪的上半叶，它就开始了工业革命的进程，19世纪上半叶开始了飞速发展。而佛拉芒地区当时以农业为主，工业仅有

瓦隆地区有丰富矿藏

一些农产品加工和纺织业，不足以造成工业起飞，因而没有走上工业革命的快车道。这种地区差异在两次世界大战期间开始消失。二战后，比利时经济在医治战争创伤的基础上重新起飞，尤其是佛拉芒地区，以轻松的身躯，另辟蹊径，奋起直追，发展新兴工业，取得了显著的成绩。60年代，外国投资特别是美国投资在轻工业和石化工业方面起了领跑作用。欧盟和北约将总部设在布鲁塞尔也起到了经济起飞的助推作用。布鲁塞尔和安特卫普之间的走廊地带成了新兴工业地带，安特卫普港在当时成为仅次于阿姆斯特丹的欧洲第二大海港，现在则是仅次于鹿特丹，仍稳居欧洲第二大海港的地位。在此期间，瓦隆地区的钢铁工业等传统工业开始衰落。20世纪80年代和90年代，国家的经济重心继续向佛拉芒地区转移，投资向佛拉芒地区集中，主要趋向是汽车工业和化学工业，其次是现代化农业。

经济发展和社会问题

在20世纪50年代和60年代的繁荣时期，比利时社会保险制度不断完善，形成了高福利体系。这一体系包括了医疗制度、失业保险、儿童补助、伤残人津贴、养老金和其他津贴。20世纪70年代出现衰退，社会保险制度成为社会经济的沉重负担，政府财政赤字的主要来源就是社会保险制度。2000—2008年政府

瓦隆

布鲁塞尔舒伯特购物街

成功地控制了预算平衡，收入分配相对平均。2008年经济增长和外国投资出现下降，2009年由于全球性的金融危机，出现负增长，失业增加，赤字达3%。2008年，比利时的人均收入是37500美元，在世界上仍然名列前茅。

街头行为艺术家

战后两个地区经济发展的不平衡突出表现在：一是劳动生产率，佛拉芒地区的劳动生产率高出瓦隆地区20%；二是失业率，瓦隆地区的失业率两倍于佛拉芒地区。布鲁塞尔是个特殊地区，它是高度国际化的地区，又是与两区横向联系高度密切的地区，它的劳动生产率和失业率都远远高出南北两个地区。当然，布鲁塞尔的劳动生产率高有人为因素，许多在布鲁塞尔工作的人居住在其他两个区，但他们的产出都算在布鲁塞尔的账上。据统计，佛拉芒地区有23万人在布鲁塞尔工作，瓦隆地区有13万人。据2009年统计，佛拉芒失业率是5%，瓦隆地区是11.2%，而布鲁塞尔地区是15.9%。因此，全国平均失业率不能反映各地区失业状况的差别。瓦隆地区主要是结构性失业，而佛拉芒地区则是周期性失业。瓦隆地区是夕阳工业为主，需经历一个困难的结构调整的过渡时期，而佛拉芒地区是朝阳工业占优势，如化工、高科技、服务业等等。

由上述可见，佛拉芒和瓦隆两地区之间的矛盾和冲突一方面是由于文化上的差异，另一方面是两地区经济发展的不平衡加剧了这种矛盾和冲突。这些矛盾和冲突仍然存在，甚至还在继续发展。为缓和和化解这种矛盾和冲突，比利时一直在进行重大的改革，目前它已由一个单一的君主立宪国家演变为联邦国家。有人担心矛盾发展下去会不会使国家解体，相信比利时人民有足够的智慧解决自己的问题。

独特的政治体制

比利时布鲁塞尔

比利时的社会政治体制在世界上是非常独特的。它实行君主立宪联邦制。这个体制的鲜明特点是行政架构十分复杂，地方拥有很大的自治权。这是自1830年建国以来经过多次宪政改革才形成的体制。

根据宪法，国王为国家元首、三军最高统帅，是国家统一的象征，也是民族团结的象征。国家权力的实施在最高层级是联邦议会和联邦政府。联邦议会

反分裂游行

由众议院和参议院组成，众议院的权限更大，拥有立法权和监督权，参议院只有建议和咨询权。议会每四年改选一次。联邦政府根据大选结果组成，通常由多数党组成联合政府，政党单独组阁的情况极少。宪法规定，除内阁首相外，内阁成员中，讲法语和荷语的大臣应人数相等，有些部同时设两名大臣，分别负责法语和荷语区事务。

比利时联邦政府的权力经多次宪法修改逐渐弱化，地方议会和政府的自治权不断增加和扩大，其目的是保持社会的和谐和政治的稳定。全国划分为三个行政大区：北部佛拉芒大区、南部瓦隆大区、布鲁塞尔首都大区；又分为三个语言区：佛拉芒族的荷语区、瓦隆族的法语区、日耳曼族的德语区。大区设议会和政府，语言区也有议会和政府，所以大区和语言区难免有重叠。德语区从行政上说位于瓦隆大区之内，所以只设语言区议会和政府。而布鲁塞尔首都大区从地理上说在佛拉芒大区之内，但从语言上来说，凡涉及语言相关的问题

分别由荷语区和法语区处理，实际上是双语区，但不设语言区和政府，所以布鲁塞尔的行政架构更特殊和复杂一些。佛拉芒大区和荷语区为简化办事程序和提高效率，自动合二为一，由一个单一的议会和政府统一管理该区的所有事务。大区之下是省一级，佛拉芒大区和瓦隆大区各辖5个省，全国共10个省。布鲁塞尔首都大区不设省，只有19个市镇，全国共589个市镇。

安特卫普广场上雕像

上述社会政治体制的复杂性决定了各级政权的职责划分也很独特。联邦政府管辖外交、国防、财政、社会保障、公共债务、核能、货币政策、欧盟和北约事务以及铁路、航空、邮电等大型公共事务；大区政府主管外贸、科技、社会和领土整治、环保、能源、住房、交通等；语言区政府主管文化、教育及旅游等事务。在某些领域，各层级的当局在一些特殊问题上都有发言权，每一层级的政府均能参与科学研究事务和与当局有关的国际关系。

语言区是根据1963年8月2日生效的第二吉尔森法(Second Gilson Act)设立的。这是为了缓和因语言矛盾而导致社会紧张所采取的重大政策措施。

语言问题有很深远的历史根源。自勃艮第王朝和哈布兹堡王朝以来形成的习俗，上层人物必须说法语，只会说荷语的人，只能居于二等公民的地位。19世纪末20世纪初，佛拉芒人的民族意识觉醒，兴起了佛拉芒运动，开始对抗这种语言上的不公，并逐步成功地将荷语作为佛拉芒区的首选官方语言。二战后，比利时的政治越来越被语言问题左右。由于南北两大民族语言上的矛盾，各个政党也按照荷、法两种语言一分为二。比利时的主要政党社会党、基督教党、自由党都是各有两个，连较晚成立的绿党也是两个。可见，政治家们更看重语言问题，政治上是否一致倒在其次。布鲁塞尔是双语区，街道名称也是两种文字标志。在佛拉芒区的鲁汶大学本来是一个，后来因一位学者公开主张将鲁汶划归布鲁塞尔大区使其成为双语区而引发学潮，只得把学校一分为二，法语鲁汶大学迁至法语区。语言上的敏感使官方的正式活动也异常谨慎，凡属正式场合讲话都必须用两种语言，有时还要加上英语，书面致辞、政府文件都要两种文字并列。如果参加集会的人三种语言全懂，那会感觉很自在、很轻松的，像我这样只懂英语一种外语的人就会觉得很不自在。有一次我参加一个集会，致辞者用三种语言，每一两段换用一种语言，不少听众昏昏欲睡，坐在我旁边的一位布鲁塞尔自由大学的中国访问学者把他的请柬背面给我看，我接过来一看，原来是他即兴写的一首打油诗："坐听多语种，爬来瞌睡虫，忽闻雷鸣掌，惊醒南柯梦。"读罢，我不禁哑然失笑。

一般说来，地方当局对语言问题是很在意的，他们发布涉外文件常常只使用自己族群的语言。例如，佛拉芒大区政府有时会就双边事务向使馆发照会，照会只用荷兰文，所以使馆必须常年至少配备一名懂荷语的外交官，否则佛拉芒大区政府的文件我们就无法处理。当然，在两个语言区，尤其在布鲁塞尔都可以使用英语，但如到两区做客，你能讲对方的语言，哪怕只会一点寒暄用语，主人也会分外高兴，因为这表明你很尊重对方。因此，在语言问题上，作为外国人，特别是外交官，我们在与比利时朋友交谈时，要特别注意不要用错语言，所谓入乡随俗，这个"俗"在比利时首要的就是语言。不要在瓦隆区讲荷语，也不要在佛拉芒区讲法语，但讲英语都能接受，特别是佛拉芒人懂英语的人很多，而且讲得很标准。

滑铁卢——历史转折的发生地

人们都知道拿破仑一败涂地的地方叫滑铁卢，但未必都知道这个地方就在比利时。它是比利时首都布鲁塞尔以南18公里处的一个小镇。

滑铁卢山丘

失败英雄的圣地

现在，滑铁卢已成为比利时著名的旅游点，到比利时的游客几乎没有不来此一饱眼福重温和体验当年那个历史场景的。

这里建有再现当年大战的全景画馆、电影馆、蜡人博物馆等。古战场偏南一点的地方还修建了一座人工堆砌的山丘，山丘顶上立有一尊据说用拿破仑军

滑铁卢战役油画

胜利者惠林顿将军雕像

队丢弃的枪炮铸成的雄狮，虎视着法国的方向。山丘高40.5米，登山石阶有226级。雄狮高4.5米，长4.45米，重28吨，登上山顶远眺，当年的战场一览无余。据说，现在展现在人们面前的古战场和当年没什么两样，平坦而略有起伏的土地上绿草如茵，草地上一群乳牛静静地吃草，远处散见几栋农舍，阳光照耀下，这片土地显得宁静而祥和，让你很难想象这里曾是血腥的战场。

有意思的是，在山丘脚下的小广场上立有一座拿破仑的戎装铜像，虽然雕像本身不大，但也体现了比利时人不以成败论英雄的胸怀和雅量。更为有趣的是，这里的旅游纪念品多以拿破仑的形象招徕游客，而胜利者惠灵顿将军却备受冷落，这仿佛告诉世人：滑铁卢是失败英雄的圣地。

Tips

滑铁卢战役

1815年6月8日，在这里发生了一场决定欧洲历史命运的激战。对垒的双方，一方是拿破仑统率的法国军队，共7.4万人，另一方是当时反法联盟由英国惠灵顿公爵指挥的英普(鲁士)荷联军，共6.7万人，双方共14万人在这片狭小的战场上展开了殊死的拼杀。战役总共进行了24小时，最后联军取得了完全胜利，拿破仑从此被彻底逐出历史舞台，滑铁卢这个不起眼的小镇也因此而彪炳史册。"滑铁卢"这个普通的地名也变成世界各国通用的"失败"的代名词。

历史能假设吗?

笔者曾多次陪同国内来访的代表团到此参观游览，导游大多以惋惜的口吻介绍说，拿破仑军队的人数本来占优势，但天公不作美，当天恰逢阴雨连绵，道路泥泞，拿破仑的援军行军迟缓，未能及时赶到战场，延误了发起进攻的时间，而英德联军的援军却先于法军抵达战场，对法军形成前后夹攻的态势，拿破仑终因腹背受敌、寡不敌众而遭受惨败。战役结束，双方共有5万多官兵阵亡，叱咤风云十几年的拿破仑被流放到大西洋的圣·赫勒拿岛上，5年后孤独地死去，欧洲的历史进入了一个新阶段。

驻足这些景物之前，不禁令人浮想联翩：假使当年双方开战时，拿破仑的援军未遇阴雨连绵的天气而顺利抵达战场，那么，战争的结局会是怎样呢？欧洲乃至世界的历史又会怎样呢？

啤酒之乡和巧克力王国

比利时之于啤酒犹如法国之于葡萄酒，它是人类最伟大的啤酒传统的故乡。像其他欧洲国家一样，在中世纪，啤酒的酿造有数不清的多种多样的方法，使用各种不同的调料。当然，标准的原料是一样的：水、发了芽的大麦、啤酒花和酵母。但是，还有不少其他的香草香料，因不同的厂家而异。这种酿造活动在中世纪最早经常在修道院中进行，而每家修道院都有自己特殊的风格，因此可以说啤酒是修道院发明的。修道院酿造啤酒的传统在比利时一直保持到今天，这是独一无二的。后来其酿造方法传到民间，民间酿酒商经常将配方和方法稍稍加以改变，使口味变得更加清淡，以有利于扩大市场。这样一来，多样品种就保留并传承下来。凡属修道院啤酒，一律叫“Trappist”，品种成百上千，口味多种多样。此种称号如同法国的Champagne（香槟）一样，是由国际法律掌控的。

创2004年品种最多的吉尼斯纪录的啤酒馆，位于大广场一个小巷里，这是门前挂的牌子

在比利时只有6家修道院生产的啤酒获有资格称为“Trappist”。为使修道院啤酒保持信誉，在整个酿造过程中必须遵守几条规则，这就是：只能在修道院内发酵，不准越出修道院墙外；修道院中的教士必须全程亲身参与酿造；啤酒销售的利润必须直接用来支持修道院事务。

比利时的啤酒品牌之多令人难以置信，达400多种，这是因为直到今天，

啤酒馆所在的小巷

比利时的啤酒多是小型厂家酿造，有的厂家人员很少，掌握着自己的秘方，几十年从事酿造啤酒，乐此不疲。

比利时人嗜好啤酒也是闻名遐迩的。坐啤酒馆有如我国几十年前人们泡茶馆的习惯，休闲为上，会友为主，饮酒为次，常常是一杯啤酒坐上两个时辰，甚至半天时间，所以说坐啤酒馆重在朋友之间的交谈。这也是一种文化。记得在1999年秋天，当时的比利时首相德阿纳访问我国，我陪同他到桂林参观时，他和比利时代表团的几个成员偷偷地在某个晚上溜到一位比利时人开的餐馆去痛饮了一番比利时啤酒。可见，啤酒的诱惑力有多么大，实际上，与其说啤酒的诱惑力大，还不如说，在异国他乡，三五友朋纵酒畅谈的情趣更有诱惑力。访问结束回到比利时后，为感谢我在其访华前后所做的工作，德阿纳首相专门派人到使馆赠送我两瓶比利时名牌啤酒和一个大啤酒杯。比利时每种啤酒都有和自己的品牌相匹配的杯子，喝啤酒也是有讲究的。这种以啤酒显示的殷殷之情让我很感动。顺便说一下，比利时著名的啤酒酿造集团英特布鲁集团（INTERBREW）在我国积极开拓市场，在南京和成都均设立了合资企业。

趣味十足的啤酒品牌

比利时啤酒著名的品牌有：

Stella Artois；Duvel，Leffe，Jupiler Hoegaiden

有些品牌名称好玩并富于想象力，例如：

Verboden Vrucht（禁果）

Mort Subite（猝死）

De Kopstoot（秃头）

还有值得推荐的有：

Kriek（酸甜樱桃啤酒）

圣诞期间可选择Stille Nacht

还有比较清淡的，只有4%–5.5%酒精含量的品牌，如Stella Artois，Jupiler，Maes，Cristal，Primus，Martens，Barik

修道院Trappist啤酒，酒精含量5%—10%：Achel，Chimay，Orval，Rochefort，Westerleteren，Westmalle

白啤酒：Hoegaarden，Dentergemse，Brugse Witte

啤酒的招牌

花样繁多的巧克力

啤酒是比利时饮品中的佳酿，而巧克力则是比利时美食极品。比利时巧克力与瑞士巧克力齐名，在口味方面甚至比瑞士巧克力更胜一筹，特别是在制作果仁巧克力方面，工艺独特，传统悠久，享誉全球。

最近几年，许多著名的传统巧克力制作商加盟皇家用品供应商（House of Wittermer）威特莫尔商店，并在布鲁塞尔萨布隆广场开设了第一家巧克力专卖店，使这个以古董、花卉、瓷器等艺术品为主要商品的市场又多了一项主营商品。这个商店为庆祝巧克力制作125周年，收集了几乎所有品牌的巧克力，向游人展示。

威特玛巧克力

比利时每年生产17.2万吨巧克力，

巧克力名店高迪瓦

全国有2000多家巧克力专卖店，遍布全国所有的村镇，比利时人年均消费巧克力达8.3公斤。外卖和出口的数量高出此数一倍以上。果仁巧克力是比利时巧克力中的名牌产品，榛子、杏仁是主要选用的果仁品种，果仁密封于巧克力内，吃起来口感十分美妙。现在，许多巧克力制造厂家仍然用手工操作，坚持传统工艺，因此能使比利时巧克力的质量得到保证，在市场竞争中常胜不衰，比较著名的品牌有努豪斯（Neuhaus）、高迪瓦（Godiva）、舍边（Cote d'or）等。

许多名店、厂家都有自己独特的看家本领。例如：La Masion Maiters Chocolatiers Belges是一家展示巧克力制作的橱窗。它有10名熟练的老技师，用纯粹的传统方法制作巧克力，在这里可以品尝到和购买新做出来的巧克力，因此你可以尝到热的奶油巧克力，香喷喷的热巧克力是商店里没有的。

另一家叫Zaabär，这家工厂设有一个“巧克力学会”，参观者可以出席他们的研讨会。这家工厂还专门设有为儿童和家长学习操作的工作间并可品尝自制产品。

再一家叫Planète Chocolat，在这里可以看到巧克力工艺大师表演制作巧克力的全过程，他们每周六、周日下午四点向公众开放并演示。这座工厂致力于不断提高巧克力的质量，他们使用100%的可可奶油，是没有转基因的。他们的团队有一种执著精神，始终坚持创新，不

利奥尼达斯巧克力

断推出新的式样和新的口味。他们的演示包括讲解历史、巧克力的起源和果仁糖的制作，讲解幽默，气氛欢乐活跃。整个制作过程可以隔着玻璃窗看得一清二楚。表演后游人可以品尝手工制作的糖果仁和热巧克力。这家工厂就位于大广场和小于连铜像所在地方之间的巷子里。

巧克力是馈赠佳品。到比利时旅游的外国人很少不购买比利时巧克力的。笔者在比利时任职结束回国后，在比利时的一位犹太人协会的负责人，作为我的老朋友，连续多年在圣诞期间邮寄一盒精致包装的巧克力。这样远道而来的比利时巧克力饱含了友情，睹物思人，每每引起我对异国他乡故人的怀念。

比利时的教堂、钟楼、古堡

在比利时旅行时，你会发现比利时有三多：教堂多、钟楼多、古堡多。笔者每当走进这些建筑，总是禁不住感叹：这个小国历经欧洲各大列强的统治，曾经是欧洲中世纪的战场，近代又遭受两次世界大战的破坏。从恺撒征服此地算起，在两千余年的时间内，这片土地经受了血与火的无数次考验，可以说是经

教堂

历了炼狱般的艰苦卓绝的磨难，造就了它百折不挠的民族性格。战争没有让它的文化消亡，反而熔铸了它尊重历史、尊重自身文化传统和善于吸纳百川的包容精神。这种民族性格和民族精神的物质载体在比利时随处可见，无论是中世纪留下的教堂、钟楼、古堡和其他建筑，还是罗马时代的遗存古迹，都令人无比钦佩。它们不但使后人能够看到各种不同风格的建筑艺术，而且留下了陈列其中的许多珍贵的艺术品供后人欣赏。实际上，每一幢建筑遗存都是一座博物馆。所以，比利时的“三多”毋宁说是博物馆多。

教堂多，可以和中国古代庙宇之多相媲美，唐朝诗人杜牧有诗云：“南朝四百八十寺，多少楼台烟雨中”，这是说庙宇不但多，而且大多建在林木茂盛、山清水秀之处，所谓“山不在高，有仙则名”，正是道出了庙宇和山水形胜之地相得益彰之妙。而欧洲的教堂则是遍地开花，大小教堂，比比皆是，多在城镇乡村，因为它必须贴近信众，方便信众每天都能进教堂。在中世纪一千多年的时间内，欧洲大量修建教堂，比利时恰在欧洲中心地带，更是教堂集中的地方。笔者手头没有确切的数字，但从我所游历的欧洲大小城镇看，教堂是民众生活不可或缺的元素，宗教信仰活动是社会生活非常重要的组成部分，人的生老病死都离不开教堂。因此，要真正了解欧洲和欧洲人民就必须了解他们的宗教文化。在比利时，人口中的绝大多数信仰天主教，完全没有宗教信仰的人是少数，尽管笃信宗教的人比例在下降，但有神论者仍是多数。据统计，礼拜天去教堂的人1998年是11.2%，2009年是是5%，11年中下降了6个百分点。尽管如此，天主教在社会生活中仍然扮演着重要角色，这是一种宗教传统文化的内在力量。写到这里，笔者想到，当今世界已有70亿人口，其中2/3是有神论者。作为无神论者，我们需要尊重和了解他们，这是建立和谐世界必不可少的条件。

钟楼实际上往往与教堂相伴而建，有不少教堂本身就是钟楼。在比利时，有32座钟楼和法国23座钟楼一起在2000年入选联合国教科文组织的世界文化遗产名录。比利时的面积只有法国的1/18，但其入选的钟楼比法国还多，称比利时为钟楼大国，当不为过。

至于古堡多，是同欧洲中古时代的封建制度分不开的。自罗马帝国出师远征以来直到二次世界大战结束，在一千多年的漫长历史中，欧洲大大小小的战争不断。中世纪时，民族国家形成以前，封建贵族多如牛毛，他们为了防御敌人入侵其领地，都以修建城堡作为防御手段，所以欧洲土地上大小城堡林立。进入近代即17世纪民族国家形成以后，诸侯割据的局面不复存在了，这些城堡已经分属于拥有独立主权的若干民族国家，作为封建贵族领地防御工具的作用渐渐消失。作为历史遗迹，它们被赋予新的职能，大多成了博物馆，或者经过改建另作它用。比利时的古堡在欧洲也是闻名遐迩，特别是在瓦隆地区默兹河谷地带古堡十分密集。如果拿出这一带的地图，用红笔标出这些古堡的位置，真可谓星罗棋布，具有很大的吸引力，是非常值得探访的。

笔者在以后介绍城市的章节中将介绍各城市和地区主要的教堂、钟楼和古堡。

古堡

比利时"新艺术"风格建筑和维克多·霍塔

霍塔博物馆

在人们赞叹布鲁塞尔大广场的古老建筑和其他城市传统建筑之美的时候，千万不要忽略19世纪末20世纪初兴起的"新艺术"建筑(Art Nouveau)，一定要去这种建筑中体验一下它带给你的现代美的享受。

"新艺术"流行于1890-1910年之间，是对19世纪"学院式艺术"(academic art)的逆反，它追求与自然环境相协调，其代表人物就是维克多·霍塔(Victor Horta)。霍塔于1861年生于根特，他从小就喜欢建筑和音乐，先学音乐，后学建筑。1878年17岁时到巴黎，同建筑师Jules Debuyson一起工作，在那里受到正在崛起的印象主义和点彩画派艺术家的影响，1880年他回到布鲁塞尔进入皇家美术学院学习，在这里他与保尔·汉克成为

苏威公馆

好友，后来汉克也是“新艺术运动”的一员健将。霍塔在学院学习成绩优秀，被他的导师、利奥波德二世的建筑师阿尔方斯·巴拉特(Alphonse Balat)赏识，留他在身边做助手，他们共同设计了拉肯宫的皇家温室，在这一工程中霍塔首次使用了钢和玻璃建材。1885年他开始独立执业，这一年，他完成了三幢住宅的设计和建造，此后他把精力投入到公共建筑中。霍塔的代表作在布鲁塞尔有四幢：塔索公馆(Hotel Tassel)、苏威公馆(Hotel Solvay)、伊特威尔德公馆(Hotel Van Eetvelde)、霍塔宅邸即现在的霍塔博物馆(Maison & Atelier Horta)。这几幢建筑也是19世纪末“新艺术运动”的代表作，其特点是开放的布局、漫射的光线和装饰的弧线与建筑结构的完美结合。这四座建筑被联合国教科文组织认定为世界文化遗产。1932年阿尔伯特一世国王授予霍塔男爵称号以表彰他在建筑上的贡献。

漫画在比利时

当你走在布鲁塞尔的街头时，只要稍加留意，就会发现在一些建筑的外墙上整个墙面绘有巨幅漫画。漫画涉及的内容不外是衣食住行和吃喝玩乐的生活场景，无非是用幽默的笔触、夸张的形象和诙谐的讽喻启迪人们的心灵向善，享受人生的快乐，祝福人们过好每一天。也有直接将漫画家的作品搬上墙壁的，像《丁丁历险记》中的丁丁常常会出现在某栋建筑的墙面上。这是很有趣味的街景，显示了比利时人对漫画的喜爱。

埃尔热的“丁丁”

比利时以漫画王国著称，因为它产生了许多漫画家，特别是有一部风靡全世界的连环画作品——漫画家埃尔热(Herge)的《丁丁历险记》。这部作品从1929年诞生到现在已经用40种文字出版，发行数量已达2亿册。丁丁的形象就像张乐平笔下的三毛，非常可爱，圆圆的脸蛋，小小的眼睛，头顶上几根竖起的头发，所不同的是，三毛是个流浪

儿，丁丁则是个风尘仆仆到处探险的小记者。《丁丁历险记》在1929年一问世

埃尔热博物馆

布鲁塞尔街头墙画

便获得巨大成功，在很大程度上要归功于作者埃尔热的创新。他改变了连环画在画面之外作文字说明的传统方法，完全用画中人物的对话表现故事的发展。这些对话文字包括感叹、声响等等都出现在人物口中吐出的气泡形状的圈圈里，看起来具有动感。

埃尔热创作的题材植根于现实和当代历史，并怀有强烈的正义感。他在《蓝莲花》(Blue Lotus)中谴责了日本对中国的军事侵略；在《丁丁在美国》中，他谴责了驱赶当地印第安原住民的野蛮行径和将印第安人安置在荒凉的保留地上的做法；在《丁丁和扭断的耳朵》(L' Oreille cassee)中，埃尔热揭示了1936年被玻利维亚和乌拉圭的战争实际上是英国和美国之间争夺油田所影响的战争，谴责了军火商、腐败和政治经济强权相互勾结的丑恶现象；《奥拓卡国王的权杖》显然是指当时刚刚发生不久的德国吞并奥地利的事件。这个故事中的叛徒名字叫墨斯特勒(Musstler)，显系墨索里尼(Mussolini)和希特勒(Hitler)两人名字合成而来，而侵略者的飞机由亨克尔(Heikel)制造，亨克尔正是两次世界大战中德国战机的总设计师。

埃尔热的创作在其主人公丁丁穷尽了地球空间的旅行后，又把他送上了月球，比阿姆斯特朗还早了20年。

埃尔热赢得了广大的追随者，在他周围聚集了许多精明强干的创作者，如埃德加·皮尔·雅可布(Edgar–Pierre Gacobs)、库维利尔(Cuvelier)和剧作家格列格(Greg)。格列格于1946年创办了一份《丁丁》杂志，使丁丁获得了世界声誉。

埃尔热与中国

值得指出的是，埃尔热创作的两部与中国有关的故事《蓝莲花》和《丁丁在西藏》被公认是最成功的作品。这有

Tips

漫画博物馆

比利时人喜爱漫画还体现在布鲁塞尔专门设立了一个漫画博物馆。这个博物馆的建筑由著名的建筑大师维克多·霍塔设计。博物馆除了陈列比利时最著名的卡通人物丁丁、蓝精灵卡通画以外，还有其他超过670位卡通画家的作品。这里还收集了不少著名作品的手稿，使读者能了解画家们的创作过程。此外，博物馆还设有图书馆和啤酒馆。可以说，这里是漫画爱好者的天堂。

《蓝莲花》

相当一部分贡献是当时的一位在比利时的中国留学生张仲仁做出的。张仲仁是一位有美术修养的留学生，当时在布鲁塞尔美术学院学习。两人偶然邂逅，一见如故，张仲仁向埃尔热介绍了许多中国的情况，并教他中国画的技法，这对他创作《蓝莲花》很有帮助。正是在这部连环画册中，埃尔热谴责了日本军国主义对中国的侵略行径。埃尔热和张仲仁的友谊因张仲仁在“七七事变”后回国而中断，但埃尔热心中始终珍藏着这份友谊。他在20年后出版的《丁丁在西藏》中又把张仲仁的形象画在了书里，而且怀着深情描绘了丁丁梦中在中国苦苦寻找张仲仁的经历。埃尔热把寻找张仲仁的愿望寄托在画册里，而在现实中他也一直千方百计地寻找张仲仁。真是老天不负苦心人，在英籍华人韩素音和中比两国外交官的帮助下，上个世纪80年代初，两人又得以重逢。1981年，张仲仁再赴比利时，受到埃尔热和布鲁塞尔民众的热烈欢迎。这一段佳话也恰是中比两国人民友谊的象征。

贝约的蓝精灵

另一位著名的漫画家贝约(Peyo)的创作也同中国有关系。这就是2010年上海世博会比利时·欧盟馆的吉祥物蓝精灵。这个可爱的卡通形象正是贝约创作的。蓝精灵是三个

苹果那么高，蓝皮肤，穿着白色长裤戴着白色帽子的森林小精灵，说着特别的蓝精灵语。两个热情握手的蓝精灵，一个手持中国国旗，一个手持比利时国旗，笑容可掬，在展馆门口热情欢迎各国客人，象征着中国和比利时的友好关系，使人一见就倍感亲切，有宾至如归的感觉。

仅次于意大利的文艺复兴重镇

如果说意大利是文艺复兴的发祥地，那么，佛兰德斯（比利时）就是仅次于意大利的文艺复兴重镇。意大利有文艺复兴三杰：达·芬奇、米开朗基罗、拉斐尔，佛兰德斯也有几位杰出的艺术家：康平、凡·埃克兄弟、彼得·勃鲁盖尔，其后又出现了巴洛克艺术的杰出代表人物鲁本斯。这些艺术大师在西方绘画史上都拥有重要的地位。

●**罗伯特·康平**生于1378或1379年。1406年在图尔奈获得画师称号，他在图尔奈一直从事创作和教学，善于作祭坛画。他和凡·韦登、凡·埃克共同创建了佛兰德斯画派。康平是一位革新的画家，他致力于描绘现实生活，展现普通人日常生活场景，自然写实和雕塑感是其作品突出的的艺术特点，与14世纪的宗教画有明显区别。康平的代表作有《炉栏前的圣母子》、《女子肖像》、《受胎告知》等。

康平的《女子肖像》

Tips

佛兰德斯

佛兰德斯是西欧的一个历史地名，泛指古代尼德兰南部地区，位于西欧低地西南部、北海沿岸，包括今比利时的东佛兰德省和西佛兰德省、法国的加来海峡省和北方省、荷兰的泽兰省。

●**凡·埃克**兄弟是指胡·凡·埃克（1370–1426）和扬·凡·埃克（1385–1441）。他们是比利时文艺复兴美术的奠基者，也是为西方油画正式形成做出重要贡献的人物。在凡·埃克之前，画家们主要用蛋白和醋调和颜料作画。这种方法要经过几道程序，画时需一笔到位，不能改动，费时费事，且时间一长，色泽

凡·埃克的《阿尔诺菲尼夫妇》

不易持久。凡·埃克兄弟进行了改革，他们发明了用亚麻油调和颜料作画，简单易行，运笔自如，又能使颜色保持鲜亮。这种方法传到意大利，催生了油画的正式形成。

凡·埃克兄弟著名的代表作《根特祭坛画》就是用这种改革后的油画技术来画的，题材来自圣经，画中许多人物，栩栩如生。通过这些人物的外貌特征和神情以及服饰，可以看出画家的观察

勃鲁盖尔的《农民的婚礼》

细微（后面介绍根特的时候还会提到凡·埃克兄弟）。

●**彼得·勃鲁盖尔**（1525–1569）是尼德兰文艺复兴时期最后也是最重要的一位画家。他早年在安特卫普学画，曾游历意大利、法国。他出生于农民家庭，熟悉农村生活，热爱普通的劳动者，所以他创作了不少具有浓厚的乡土气息的尼德兰农民的风俗画和农村风景画，如著名的《农民的婚礼》、《冬猎》等。他还常用基督教的题材借题发挥，表现尼德兰人民反抗西班牙统治的爱国思想和民主思想。他晚年画的《盲人的寓言》是一幅取材于普通生活但寓意十分深刻的作品。这幅画以盲人跟着盲人走而跌进沟里的悲剧场面，提醒人们，在当时反抗西班牙统治的斗争中要注意可能出现的盲目的因素，以免重演盲人的悲剧。

比利时的壁毯艺术

当你在比利时游览时，每到一处宫殿、教堂、古堡或其他大型建筑，都少不了会看到一些壁毯挂在墙上作为装饰，显得这座建筑的室内装饰典雅古朴，这种壁毯是中世纪南尼德兰的独特产品。据说，最古老的壁毯（11–13世纪）是莱茵兰和下萨克森生产的。然而，只有在南尼德兰才形成一种特别的产业，一直到17世纪，壁毯业是南尼德兰最重要的产业之一，它以其技术和艺术质量享有很高的声誉。南尼德兰就是现在的比利时。如今这种壁毯早已不再生产，成为人们喜欢收藏的古董。壁毯最早和最重要的生产中心是现在法国北部的阿拉斯（Arras），这个以生产壁毯闻名的地名arras后来成为专门称呼壁毯的英文名词，这个地方之有名还因为它是法国大革命时雅各宾派首领罗伯斯庇尔的出生地。14世纪初，佛拉芒地区的一些城镇即开始了壁毯的生产，如布鲁日和布鲁塞尔，15世纪下半叶，布鲁塞尔后来居上，成为壁毯主要的生产中心。

壁毯是用特殊工艺编织出来的，要先有图样，放大以后，织工据图样进行编织，所以图样是织工赖以生存的工具，款式越多，获得客户订货的机会越多，所以图样都被小心翼翼地保存起来，父子相传，代代相传，可以延续几十年。图样通常是由画家绘制的。壁毯很昂贵，一是由于所用材料贵，主要材料是羊毛线和丝线，二是编织工作是个慢工细活，人工成本高。壁毯有时是一套故事，包含许多情节，一个情节一幅壁毯，有时可以达到十几幅。壁毯不仅用作装饰城堡或大型厅堂的墙面，而且更具有文明价值。贵族们不是总待在一个地方，他们不时要巡视他们的领地，外出巡视时他们也常常带上他们心爱的壁毯，并且有专门的仆人照看，用来装饰他们的临时住所，使居住环境更舒适，甚至在其出征上战场时也要带上壁毯来装饰战地的军帐，此外，壁毯还是其拥有者的权力和财富的象征。

壁毯的功能多种多样，举凡出生、婚丧、加冕、签约和其他政治事件以及宗教仪式等，壁毯都是不可或缺的道具。

布鲁塞尔壁毯

15世纪末，在布鲁塞尔成为壁毯业的主要中心以后，新的艺术风格出现，被称为佛拉芒前文艺复兴风格，典型的代表作是《The History of Henkenbald》。正当这种新艺术风格日趋繁荣之际，一个偶然的机缘宣告了这个艺术领域一次真正的革命。事情是这样的：1515–1519年佛拉芒一位著名的织匠皮尔特·凡·阿尔斯特（Pieter van Aelst）为教皇利奥十世织了一套壁毯，名叫《使徒行传》（Acts of the Apostles），这幅作品成为西斯廷大教堂

布鲁塞尔市政厅中一副描绘古代战争场面的壁毯

的饰品，而这幅作品图样的作者是大名鼎鼎的拉斐尔，作品是纯粹的意大利文艺复兴风格。画的构图充分体现了解剖学和透视法的出色运用，它和画面内容的统一性、连贯性达到了完美的平衡，同晚期哥特式风格形成鲜明的对比。一石激起千层浪，此幅作品在布鲁塞尔引起轰动，许多画家起而效仿，创作了许多图样，从而奠定了布鲁塞尔作为欧洲壁毯业中心的地位，这些画家被称为“佛拉芒罗马人”。

巴兰德·凡·奥雷（Barend van

西斯廷大教堂一角

Orley）被称为这种风格之父，对佛拉芒壁毯的制作产生了深远的影响。奥雷虽然开辟了一条新的蹊径，却并未放弃老的现实主义和描绘逸闻趣事的传统。他创作了《马克西米连打猎》(The hunts of Maximilian)(现存法国卢浮宫)和《雅可布的故事》《The story of Jacob》，他还画了很多其他图样。

皮特·科克·凡·阿尔斯特（Pieter Coeke van Aelst）(1502—1550) 翻译和出版了公元前1世纪罗马建筑师维特鲁威（Vitrruvius）的名著《建筑十书》和意大利建筑师、画家、理论家塞里奥(Serlio)(1475—1554)的《建筑全书》。他的最著名的作品是《七宗不可宽恕的罪行》(Seven deadly sins)。

米切尔·考克西（Michiel Coxcie）被称为佛拉芒的拉斐尔，他在意大利度过很长时间，钻研了拉斐尔所有的作品。他最有名的作品是《诺亚的生命》(The Life Noah) 和《人类历史》（The History of the first men）。

布鲁塞尔壁毯业的繁荣还要归功于织工们，他们的代表人物是凡·阿尔斯特（Van Aeist）、德·潘诺马尔科(De Pannemaker)、德·康培尼尔（De Kempeneer）和德·古贝尔斯家族（De Geubels）。

16世纪下半叶壁毯业开始衰落。由于新教兴起，宗教冲突和其后的宗教迫害给安特卫普这个壁毯的主要出口港带来灾难性的后果。很多画家和织工都

德·潘诺马尔科作品

是新教教徒，他们中的不少人被判罪。后来有一段时期由于鲁本斯的努力，壁毯业有所恢复，他把巴洛克风格引入了壁毯制作。他的作品特点是激情、奔放，图样不用水彩颜料而用油料，和过去典型的装饰性的壁毯特点不同。它的主要作品有《康士坦丁大帝历史》（Hitory of the Emperor Constantine)、《神圣萨克里门特凯旋》（the Triumph of the Blessed Sacrament）等。

后来，在雅克布·约尔丹斯（Jacb Jordanes）等人的倡导下，壁毯装饰性的特点被重新强调。17和18世纪，表现农民生活场景的壁毯流行起来，广阔的绿色大地、远树、房舍、牧羊人及羊群为背景的画面受到广泛的欢迎。

18世纪宣告了南尼德兰的壁毯业最后时期的到来。因为时代的脚步已改变了人们的生活方式，高大的房屋被小房子所取代，已不适于挂装饰性的壁毯，时尚也已改变，客厅多以丝制品、天鹅绒、油画、墙纸作装饰。随着旧制度的终结，南尼德兰的壁毯业最终消亡了。

比利时的蕾丝(lace)花边

蕾丝是花边的英文音译，也带有一定意译的色彩，如今的人们习惯用蕾丝称呼花边，已经约定俗成。比利时的蕾丝世界驰名，特别是布鲁塞尔和布鲁日的蕾丝最受人们欢迎，到比利时游览的人们很少有人不买蕾丝作为留念的，它是和巧克力、啤酒、钻石、壁毯齐名的比利时特产。

蕾丝起源于何时何地现在已不可考，有些学者猜测，蕾丝编织很早就在古罗马出现，这是根据考古发现做出的判断。中世纪对蕾丝编织所知甚少，15世纪才有正式的记载，那时查理五世下令在学校里设置蕾丝课程，也要在比利时各省的女修道院里教授蕾丝编织。在文艺复兴和启蒙运动时代，蕾丝织作是一种时尚。花样繁多的蕾丝产品具有替代刺绣

蕾丝商店

的优势，因为它可以从一件衣服移动到另一件衣服上，而且可以跟随不同的时尚改变衣着。

从蕾丝工艺刚刚出现的早期时代，即有很多风格和工艺发展起来，几乎都是在比利时各省，应该说，它们是蕾丝编织业的摇篮。今天，在佛拉芒两个省存在着两种蕾丝工艺，一是针织蕾丝，现仍在Aalst地区生产，被称作文艺复兴

Tips

蕾丝

蕾丝原来有四种工艺，其中两种今天已不再应用，成为古董。蕾丝有以下几个种类：

（一）公爵夫人蕾丝。这种蕾丝是用筒子照纸样编织，一般要用22个筒子，其中两个叫导筒，织横线，其余的筒子织竖线。一张手帕得织三天，还要看织工的技术水平。

（二）玫瑰针织蕾丝。这种类型是用针编织的，是蕾丝中最精致最珍贵的种类。图纸常常是绵纸，图样多是玫瑰花或其他花卉。工人一般先用粗线勾轮廓，然后用上好的细线和多种针法编织轮廓里边的图形。大型产品用最好的丝线，非大师级织工难以胜任。1922年的一份证书说，为伊丽莎白女王编织的面纱用了12000工时和1200万针。

（三）公主蕾丝。主要用于婚纱、洗礼着装、披巾和其他庄重典礼的着装。

（四）文艺复兴式。又叫布鲁塞尔蕾丝或缎带蕾丝，主要用于家居的台布、餐巾、衬垫等等。

雨果居所旁蕾丝商店橱窗

蕾丝商店

式或布鲁塞尔蕾丝，因为它主要在布鲁塞尔出售。另一种是筒子工艺，像织布的梭子一样，左右上下移动进行编织，这是布鲁日的蕾丝生产工艺，这是一种较昂贵的蕾丝，因此已不再为商业目的而生产。

蕾丝制作是一种产业，今天大约有1000名蕾丝工人，全都是50到90岁之间的妇女。不要指望在布鲁塞尔或布鲁日去发现蕾丝工厂，没有这样的工厂。因为它主要是妇女手工生产的，多数在自己的家里，当然也有家庭式的作坊。

2

We all live on the same planet

城市和景点

欧洲首都布鲁塞尔

“沼泽之家”布鲁塞尔

布鲁塞尔是比利时的首都，又是欧洲联盟（简称欧盟）的首都。有时人们干脆说它是欧洲的首都，这自然不够准确，却也说得过去，因为欧盟现已有27个成员国，其他非成员国在经济上也基本按欧盟的标准行事，可以说，欧盟推行的一体化政策覆盖了欧洲的大部分。那么，人们要问，欧洲的名城众多，为什么当年偏偏选择布鲁塞尔作为欧盟总部所在地呢？不难想象，这是由于布鲁塞

尔拥有独特的优势。

比利时是欧盟的前身——欧洲共同体（简称欧共体）六个创始国之一，它的地理位置恰好在法国、德国、荷兰、卢森堡之间，与英国隔海相望，也很近。它的面积仅有3万平方公里，相当于两个北京大小，人口仅有1100万，还不及北京多。但是，这个国家具有悠久的历史，中世纪时无论在政治上、经济上还是文化

上，曾一度居于欧洲中心地位。因为它恰好是欧洲两大文明——拉丁文明和日耳曼文明交汇之处，欧洲历史上赫赫有名的君主法兰克王国的查理曼大帝生在比利时的列日，后来做过神圣罗马帝国皇帝的查理五世生在根特。比利时自古以来就是兵家必争之地，许多重大战役发生在这片土地上，它曾被法国、西班牙、奥地利、荷兰统治过，也被拿破仑吞并过。第一次世界大战时曾被德国占领，第二次世界大战时又遭纳粹德国的铁蹄蹂躏。16–17世纪，它同荷兰曾同属一个国家，称作“尼德兰”。那时，比利时（南尼德兰）是紧步英国后尘欧洲大陆上第一个进行工业革命的国家。欧洲大陆的第一条铁路、第一架纺织机、第一座钢厂都诞生在比利时，瓦隆地区是欧洲最先工业化的地区，布鲁日和安特卫普都曾位居欧洲第一大港，所以它是欧洲资本主义的发祥地之一，有发达的经

布鲁塞尔广场

济。由于曲折多难的历史命运，比利时同欧洲各大列强有着千丝万缕的联系。作为比利时的首都，布鲁塞尔凭借这种国家优势扮演了自己在欧洲乃至世界事务中越来越重要的角色。

“布鲁塞尔”按荷兰文的原意是“沼泽之家”。因为这里有一条河叫塞纳河（不是法国的塞纳河），河湾之间构成了一片沼泽地。按正式的官方说法，布鲁塞尔诞生于公元979年，但民间传说则把布鲁塞尔在历史上出现的时间推早了400年，是在公元6世纪。那是有一个神父叫圣·格里克（Saint Gorik）在一个河中小岛修建了一个小礼拜堂，这就是襁褓中的布鲁塞尔。关于布鲁塞尔的首次文字记载是在公元997年，当时德国皇帝奥托二世给法国国王路易九世的小儿子查理封为下洛林公爵，这里是他的封地。他决定在这里建立一个城堡，于是布鲁塞尔诞生了。查理死后，同查理女儿结婚的鲁汶公爵兰伯特得到了下洛林，他修建了新的布鲁塞尔城堡，竖起了城墙。布鲁塞尔因处于布鲁日、根特和科隆的贸易通道上，发展很快，逐渐成为商业中心，城市也扩展到了圣·米歇尔教堂和萨布隆一带，周围的沼泽地也填平了。大约在1183年左右，鲁汶公爵成了布拉邦公爵。1356–1383年间修筑了第二道城墙，今天仍能看到两道城墙的残段。勃艮第家族同奥地利哈布斯堡家族联姻后，布拉邦公爵成为哈布斯堡家族的成员，布拉邦失去了独立性，但是布鲁塞尔则成为低地国家的繁荣的首都。

布鲁塞尔街头墙画

1830年比利时独立，利奥波德一世国王拆掉了城墙，修建了许多新建筑，布鲁塞尔经历了许多新变化。1867–1871年塞纳河流经城里的部分全部覆盖，为布鲁塞尔下城重建提供了可能，现代建筑拔地而起，通衢大道应运而生。整个20世纪，布鲁塞尔主办了许多世界级的展览会和国际会议，例如，1927年举办了物理和化学国际苏威（Solvay）会议，1935年和1958年先后两次举办世界博览会。

二次世界大战中布鲁塞尔受到重创。战后，它的重建好坏参半。1952年，连接南北两个车站的工程落成，1969年，有轨电车系统建成，1976年地铁通车。从60年代起布鲁塞尔就已经在事实上成为后来建成的欧盟的首都。然而，大批现代化建筑如雨后春笋般矗立

布鲁塞尔城市建设

Tips

比利时的经济中心

布鲁塞尔的工业十分发达，行业齐全，种类繁多，技术先进。它聚集了全国1/5的劳动力，工业产品近80%供出口，它还是比利时服务业的中心，特别是金融服务尤为发达。就业人口中的88%从事服务业，其产值占经济总量的75%左右，它有100多家外国银行或外国参股的比利时银行和20多家保险公司。国际债务最大清算中心EURO-CLEAR也设在这里。它聚集了60个国家2500个国际金融机构，担负着欧洲债务市场近2/3的结算业务。许多外国公司还在布鲁塞尔设立商品分拨中心，由200多家跨国公司组成的协调中心也设在这里。

市区中心的同时，许多传统的建筑瑰宝被拆除，不少新建筑缺少美感，常常与周围的环境不协调，以至于在业界出现了一个带有贬义的新词语，叫“布鲁塞尔化”(Brusselazation)。的确，对布鲁塞尔的城市建设充满了争议，正如当年Haussmann的巴黎重建一样，都被指责为牺牲平民利益而满足开发商的资本吞噬。写到这里，笔者不禁想到，城市化过程中的大拆大建原来早已有之，所谓“布鲁塞尔化”提供的经验教训应引起我们的高度重视，尤其是，我们今天的城市化无论是规模还是速度都要比布鲁塞尔不知大到多少倍，就更要认真地、切实地把科学发展观落实到城市化建设的全过程中。

立体交通网络中心

布鲁塞尔交通

布鲁塞尔交通发达，拥有先进的立体交通网络，与欧洲和世界各国紧密相联。它是欧洲铁路枢纽之一，布鲁塞尔不但同境内各主要城市相连，而且可以通向欧洲大陆各大城市。铁路总长4000公里。它还是比利时高速公路网的中心，高速公路总长1500公里。市内则有快速地铁和多条线路的有轨电车和公共汽车。它还有一条长32公里的运河同斯海尔德河相连，可以航行4500吨的海轮，通向北海。航空运输业很发达，它有一个国际机场，是欧洲重要的航运中心，它的两座航站楼都比北京的二号航站楼规模大，每年运送旅客近2000万人次。我国的东方航空公司从1992年起就开设了上海—北京—布鲁塞尔航线，现在则是海南航空公司接手东航经营这条航线。除客运外，布鲁塞尔机场还担负着大量货运任务。每天晚上23点到凌晨3点有100多架货运飞机从布鲁塞尔飞往各地。

布鲁塞尔为中心的海陆空各式交通工具和线路构成了一个密如蛛网的立体交通网络，日夜不停地奏响着运输交响曲，以充沛的活力推动着比利时和欧洲乃至世界的经济和社会生活不断向前发展。

独一无二的高速公路

比利时在其3万平方公里的国土上，修建了1500公里的高速公路。令人叹为观止的是在高速公路全部设置了密度相当大的漂亮的路灯。灯柱之间相距有的30米，有的50米，灯柱的外观在不同的路段也不完全一样，可以说是千姿百态，异彩纷呈。晚上开车疾驰在高速公路上，你会感到心旷神怡，纵横交织

高速路

阳光明媚的布鲁塞尔中央广场

的路灯在暗夜中放出一道道金色的流光，构成了独特的景观。这是欧洲大概也是全世界唯一的在高速公路上设置路灯的国度。比利时人为此感到自豪。不少比利时朋友说，从太空看地球，只能看到两大景物，一个是中国的长城，另一个就是夜间的比利时高速公路。这当然有些夸张，但却说明比利时的高速公路在世界上的确是独一无二的。不过，现在提倡节能减排，晚上路灯并不全部点亮。

国小也是优势

上个世纪的50年代，欧共体成立之时，将总部设在了布鲁塞尔。随着欧共体一体化不断深化，欧共体逐渐扩大，直至演变成现在的欧洲联盟，布鲁塞尔的地位也越来越重要。如今它已经是有27个成员国的欧盟总部的所在地，号称欧洲的首都。它获此殊荣固然得益于地理和经济因素，然而，还有一个重要因素往往未引起人们的注意，这就是布鲁塞尔是一个小国首都。当年欧共体创始国有一个默契：欧共体总部不能设在大国，这是欧共体成员国表现出的一种政治智慧，旨在避免大国争权夺利，影响一体化进程。这样，德、法、意诸大国均无缘问“鼎”，于是布鲁塞尔就幸运地成为受益者，堂而皇之地坐上了欧洲首都的宝座，享受着它所带来的辉煌，至今已逾半个世纪。

名副其实的国际都市

正是由于布鲁塞尔拥有经济和政治优势，它的吸引力和辐射力得到了增强。许多国际组织纷至沓来，大批外国公司蜂拥而至。除欧盟总部各机构设在这里外，北大西洋公约组织、世界海关组织、西欧联盟等等都把总部设在这里，众多非政府组织也把布鲁塞尔作为重要的活动中心，它们的办事机构也云集在这里。据统计，布鲁塞尔的国际组织机构多达500多个。国际组织众多又使它成为许多国际会议的首选之地。各种代表大会、报告会、研讨会、展览会、博览会，名目繁多，终年不断，使它成为在新加坡、巴黎、维也纳之后名列世界第四大国际会议城市。据统计，每年的会议多达55000多场，平均每天150多场。再加上其外交代表机构数量名列世界首位（287个），这里常住的外国居民大约占居民总数的1/3。如果再算上旅游观光人数，这个城市的国际化程度就可想而知了。这生动地体现了这个城市的开放性和包容性。中国哲人云："海纳百川，有容乃大。"这句话用来形容布鲁塞尔所显示的比利时人开放和包容的国民性格是一点不过分的。

布鲁塞尔街头墙画

《共产党宣言》的诞生地

我们中国人大多读过马克思和恩格斯合著的《共产党宣言》。这部具有划时代意义的名著就诞生在布鲁塞尔。1845—1848年，马克思曾在布鲁塞尔流亡。在此期间，他撰写了三部重要著作，除了同恩格斯合著的《共产党宣言》，还撰写了《德意志意识形态》和《哲学的贫困》。在布鲁塞尔的三年中，马克思曾经在著名的大广场上一座建筑中居住过，这座建筑的门楣上塑有一只振翅欲飞的白天鹅，因而取名"天鹅之家"。不少资料说，上述三部著作就诞生在这里。但也有不同的记载说，马克思当时在布鲁塞尔南郊一个叫Ixell的地方的一幢房子里居住了较长时间。这三部著作究竟在哪一个居所撰写的现在已不可考。笔者曾经查阅过Ixell的名人录，那上边确有马克思的名字，我在布鲁塞

天鹅之家，《共产党宣言》诞生地

尔任职期间，曾经询问在这幢建筑中开设一家餐馆的老板关于马克思的轶事。他说，当年这间餐馆是个咖啡馆，马克思确曾在这里作过“雇佣劳动和资本”的演说。第一国际比利时支部设在这里，德国工人协会曾把这里作为活动场所。1885年比利时社会党的前身工人党在这里成立。这些情况表明，这座建筑确同马克思有较深的渊源。所以，许多到布鲁塞尔的中国人都有兴趣探访“天鹅之家”，在此拍照留影，甚至主客相互宴请也常常选择这家餐馆。2011年7月，笔者有幸再次去布鲁塞尔访问时又去看了这家餐馆，只见餐馆门前多了一个铜牌，上面写着马克思曾在此活动，进到餐馆楼下左侧一个角落里，有一张二人座的小桌，桌旁墙壁上有一个小牌子，牌子上写着马克思的名字。我想，这未必是马克思当年所坐位置，竖个桌牌只是个象征。餐馆老板告诉我，当年马克思并不住在这里，而是在这里活动，有时在这里吃饭。

巧合的是，“天鹅之家”的对面一幢楼宇恰是法国著名作家维克多·雨果流亡布鲁塞尔时的居所，雨果来到布鲁塞尔时，马克思已离开比利时。两位伟人虽未在布鲁塞尔邂逅，但是他们的著作都对人类社会产生了巨大影响，而他们的智慧所产生的地方——布鲁塞尔也因此成为人类永久的记忆。

维克多·雨果居住过的旅馆前的铜牌

深厚的文化底蕴

一般来说，一个城市区别于其他城市的标志最主要的并不在于经济内容，而在于其文化特性。具有鲜明文化个性的城市才具有永久的魅力，才能体现出综合实力的完整性，也才具有真正国际都市的价值。布鲁塞尔正是这样一座城市。

体现布鲁塞尔文化底蕴的是位于市中心的大广场(Grand Place)。这个大广场被视为这座城市的灵魂。这个只有7500平方米的广场四周聚集了15世纪至17世纪的哥特式和巴洛克式的古典建筑40多幢，至今保存良好。集中了不同风格的古典建筑精华于一处，并至今保存完好，仍在使用，这在欧洲也是首屈一指的，因此这个广场也是布鲁塞尔的地标建筑群，它以其历史风貌的美感展现了布鲁塞尔的文化品位。维克多·雨果曾说这个广场是“欧洲最漂亮的广场”。当你置身广场徜徉流连时，你定会觉得此言不虚。广场的核心是哥特式建筑市政厅大厦，与其遥遥相望的是“国王之家”，同样是哥特式建筑。这两幢建筑的两侧环绕着鳞次栉比的17

布鲁塞尔大广场

布鲁塞尔市政厅院内雕塑

世纪各行各业的办公楼，由各行会自己出资兴建，每幢建筑都带有所属行会的特色。

布鲁塞尔不仅重视保护历史遗存，同样重视现代文化设施的建设。全市有70多座各类图书馆、博物馆。剧院30余所，电影院14家，3D影厅数量在欧洲领先，法语和荷兰语文化中心39家，健身场馆上百家，最大的体育场可容5万观众。大部分街区都有小艺术宫，为绘画、音乐、戏剧等艺术爱好者提供活动场所。此外，布鲁塞尔非常重视同外国的交流与合作。1969年，布鲁塞尔美术馆倡议成立“欧罗巴利亚协会”，每年邀请一个国家作为主宾国集中展示其文化艺术精华。40多年来形成了一整套由民间主办、政府资助、企业赞助、全民参与的成功运作模式，已发展成为欧洲著名的文化艺术节、综合性大型国际艺术节，影响广泛。2009年，中国成为该艺术节主宾国，历时4个多月，展演450多场，观众达100多万，获得巨大成功。

一个城市在国际上的地位取决于它的综合实力的强弱，经济是基础，文化是灵魂，政治是推手。硬实力，软实力，两者结合才能形成综合实力。但每个城市综合实力的形成必然带有自身鲜明的特性。纽约以商贸起家，伦敦以金融著称，布鲁塞尔则以其优越的地理位置和其所代表的国家比利时小国挑大梁取胜。布鲁塞尔被冠之以欧洲首都，当之无愧。

王 宫

布鲁塞尔一个重要地标建筑——王宫，坐落在城中心高地上，原来是两幢建筑，奥地利哈布斯堡家族统治时是奥匈帝国军团总司令的寓所，后来比利时并入荷兰后，此处又成为荷兰国王的住所，国王又于1820年委任建筑师斯达顿设计，将两幢建筑连接成一体。实际上，完成这项设计使之成为现在的轮廓已是1827—1829年的事情了。1830年，比利时独立，此处即辟为王宫，到利奥波德二世时，此建筑还经过一次改建，最终成为现在的样子。

王宫建筑气势宏伟，从外观上看有许多浮雕，中间主体部分的三角楣上装饰的浮雕是一个手持国旗和国徽的人物。王宫正中楼顶如飘扬着国旗，就表明国王正在宫内，如不升国旗则表明国王不在宫内。

笔者在布鲁塞尔任职期间曾两次到王宫晋见国王，一次是在1997年到任后向国王递交国书，另一次是2001年离任时向国王辞行。递交国书是一项庄重

布鲁塞尔王宫

这套礼仪安排显然增加了递交国书活动的庄重气氛。

的外交礼仪活动，主客双方都很重视。因为递交国书前，大使还不能正式开展外交活动。递交国书等于是在该国“注册”，被该国正式承认，可以履行特命全权大使的职能了。向国王递交国书的前一天，比方礼宾司专门用书面形式介绍了礼仪程序。递交国书的当天上午8时左右，比方派国王副官到大使官邸迎接我，邀我乘坐比方礼宾车径赴王宫。国王副官很年轻，身着军装，很帅气，坐在我的身旁轻言细语地向我介绍途经的大街和建筑。汽车驶抵王宫广场大街时王宫马队（仪仗队）出现在我的汽车两侧，一直将我护送至王宫前。这套礼仪安排显然增加了递交国书活动的庄重气氛。实际上，这已经是经过改革以后的安排，过去，使节们从一开始就要乘坐马车。

我下车后，随副官拾级而上进入宫内，只见进门后的过厅并不很大，但很高，大理石地面，巨大的窗户之间的墙面上挂着油画，屋顶悬挂着几个水晶大吊灯。过厅的前方是通向王宫正厅的宽大楼梯，登上十多级台阶后，楼梯分向两侧，对面的墙壁上是一件巨幅油画，但我没有心思去欣赏油画上画的是什么，便随副官由右侧楼梯直奔楼上候见厅。这时候已有国王礼宾官预先在厅前迎候，礼宾官身披绶带，同我寒暄几句，简要介绍了王宫的陈设。稍顷，国王走出接见厅，国王也是身着礼服，披着紫色绶带，我则身穿中山服。（在西欧国家的许多正式外交场合，一般说来，客人被要求穿大礼服或小礼服，也可以穿本民族服装，我国外交官在这种场合多着中山装。）这时我按照对方事先告诉我的礼仪要求趋步向前同国王握手致意并致颂辞。颂辞是事先准备好的，我已经烂熟于胸。颂辞致毕，双手将国书呈递国王。国王接受国书后引我至会见厅。这时，我的随行人员和国王的助手都留在了候见厅，只有国王和我单独会见。会见厅很大，厅正当中设有面向窗子的高背椅，我坐左侧，国王坐右侧，我们直接用英文对话。两张椅子之间相距约3米，座椅之间亦无其他陈设。座椅的摆放也颇有意思，都是垂直面向窗子，这样谈话人不能面对面，需要侧过头注视对方，这多少有点别扭。我心想，将主客的座位这样安排也许是为了符合“庄重”的要求，能使双方感受官式对话的气氛。同国王交谈约20分钟，互祝双边关系稳定健康发展，我着重介绍了我国改革开放和经济发展情况，我国对外关系状况和我国的外交政策。国王给我的印象是慈眉善目、彬彬有礼，语调温和，对我国的发展很感兴趣，并对不久前刚刚去世的邓小平同志表示哀悼和敬意。2001年10月，我离任前向国王辞行，再次进入王宫，这次没有那么多繁文缛节了，国王引我至较小的会见厅，在沙发上落座，国王让我坐在大沙发的左侧，他则坐在我右手的单人沙发上，两人真正地进行了促膝谈心。这次谈话用了40多分钟，比通常的时间长了一倍。因国王对我国的高速发展仍然兴趣浓厚，问了许多问题，我也有问必答，所以超时了。谈话结束，国王赠送我一幅他和王后的合影，合影上有他的亲笔签名，这是很珍贵的留念。

皇家公园（布鲁塞尔公园）

这个公园和紧邻的王宫广场原是中世纪布拉邦法院的所在地。这个巨大的宫殿建于11世纪，位于布鲁塞尔的高地和低地相衔接的地方，当时是布拉邦公爵新建的城堡，就是叫做库登伯格（Koudehberg）的地方。后来几任的公爵们例如好人菲利普和查理五世不断

皇家公园

皇家公园

地扩大宫殿，使它逐渐成为中世纪欧洲最漂亮的和最受景仰的官邸。然而，1731年的一场大火将它化为灰烬，那正是奥地利统治南尼德兰的时候，此后这所宫殿从未修复。

作为皇家居所的一部分是森林地带和皇家花园。1775年，奥地利总督决定修建一所新的现代宅邸。早先的花园几乎像是城里的森林公园，有山，有小峡谷，里边有一群天鹅和其他动物，奥地利王后Maria–Theresia同意把森林地带改成一个古典风格的新公园，让布鲁塞尔的有钱人在这里休闲。公园的土地平整了，种上了新的树种，安放了古典雕像，其中一些是被焚毁的宫殿里的原物。还修了新的道路。1780年，一个新的娱乐大厅修建起来，可以在这里举行音乐会，也可以喝咖啡、进餐。1803年，在这里为拿破仑和他的夫人约瑟芬举行了有1800人出席的晚宴。1830年9月，皇家公园成为比利时独立的摇篮。在布鲁塞尔爆发了革命，革命军同皇家公园里的荷兰军队发生了战斗，荷兰军队于9月27日离开布鲁塞尔，一个新的国家比利时诞生了。

拉肯宫

布鲁塞尔的王宫是国王办公的地方，拉肯宫是国王一家居住的地方，拉肯宫在拉肯市郊，建于1772年，原是奥地利尼德兰总督的居所，在法国取得南尼德兰的统治权之后，1804年又被拿破仑收购。1815年滑铁卢战役后，它又成为尼德兰联合王国威廉一世国王的财产。比利时独立后，利奥波德一世成为这座宫殿的新主人。1890年发生火灾，之后进行了重建和扩大。到利奥波德三世的时候，它成为王室永久性的住宅。在拉肯宫的花园里最吸引人的是暖房，这里种植了多种多样的热带植物，让人大开眼界。笔者1999年曾前往参观，恰好与王储夫妇邂逅，那时他们刚结婚不久，寒暄之间，王储热情地说他过去访问中国时也参观过中国的植物园，我对他说这是我第一次看到这样多的热带植物，对比方的邀请表示感谢。

布鲁塞尔大广场

布鲁塞尔大广场可以说是一件巨大的艺术品。无论是它的总体结构和布局，还是每栋建筑的外观和装饰，特别是主要建筑的众多雕塑，都体现了建筑和艺术的高度融合，体现了那个时代的人文精神，象征了中世纪晚期西北欧地区经济和文化的高度繁荣。

大广场原来是一片沼泽地，12世纪

时沼泽地干涸以后，这里就成了一个市场，叫下城市场。现在的名称是18世纪末才开始使用的，它是个长方形的广场，长110米，宽68米，面积近7500平方米。

13–14世纪，作为一个市场，四周逐渐出现用石头建造的商铺，出售布匹、面包、肉类等商品，也有其他一些房屋，有的是民居，相互以院落、花园或防火通道相隔。

1396年，城市当局征用了广场北侧相当数量的建筑物，以便扩展广场的范围。1441年，广场东侧杂乱无章的房屋被拆毁，在原址建起六栋相邻的楼宇。从这时起，环绕广场而建的房屋有规划地由企业和行会操作。企业和行会从1420年代即开始在市政建设中发挥重要作用，它们致力于改进大广场，使之成为既漂亮又有商业价值和文明象征意义的公共场所。

15世纪时，市政厅及立于其上的钟楼建筑的两翼建成，取代了广场南侧的旧建筑。北边新建了一栋面包大厦。100年后即1512—1513年，面包大厦被拆掉，代之而起的是一个大型建筑——国王之家（La Maison du Roi）。

整个16世纪，许多文艺复兴式和巴洛克式的建筑拔地而起。不幸的是，1694年8月14日，法国国王路易十四为报复荷兰和英国战舰摧毁法国海岸城镇，下令炮轰布鲁塞尔，300发炮弹，1200发燃烧弹倾泻在城市中心，大广场几乎被夷为平地，仅余市政厅和国王之家劫后犹存。尽管布鲁塞尔遭此空前劫难，由于市政当局的有效处置和其他省份和城市的慷慨支援，大广场迅速地重建。重建后的大广场更加和谐漂亮。这要归

布鲁塞尔大广场

功于当时的市政当局。当时的地方行政长官颁布了一项法令，规定所有有关重建的建议必须经市政当局批准方能实施，以保持广场整体的和谐。经过四年努力，大广场重建工作圆满完成。

布鲁塞尔市政厅正立面浮雕

大广场不仅以建筑艺术展现了它的魅力，而且以其丰富多彩的文化、体育以及商务活动展现了大广场集中体现的比利时文化底蕴。每年的6月末7月初，一个传统的叫奥美刚(The Ommegang)的游行欢庆活动在大广场举行，这个活动可以追溯到16世纪，最初是源于欢迎查理五世到布鲁塞尔而举行的。从1971年开始，每隔两年的8月份第三周，广场中央都要铺上秋海棠花毯，1800平方米的花毯展现的是花的海洋，五颜六色，争奇斗艳，每次都有不同的装饰主题；冬季圈地泼水结冰，成为人工滑冰场，青年男女在冰上飞速滑行，展示冰上舞蹈，令人目不暇接；夏季常有露天音乐会，白天广场四周建筑底层中的咖啡馆、酒吧在店外搭上凉棚，设休闲茶座，游客一边品尝咖啡，啜饮啤酒，一边谈天说地，享受着休闲的快乐；节庆典礼及各种娱乐活动经常在这里举行。每当这些活动举办时，各国游客蜂拥而至，和比利时人齐聚一堂，穿着各式民族服装的男男女女有的翩翩起舞，有的引吭高歌，热闹非凡。还有各种表演，让你驻足流连，有时你还会看见行为艺术家，摆出某种姿势，纹丝不动，活像一座石膏像或青铜像，他(她)们对艺术的执著令人钦佩。还有不少外国来访的艺术团体来广场义务献艺，这时就是一场联欢会了，场内无论哪国的游客，不管是否相识，都会在一起欢快地跳起来。笔者曾在广场上遇到过来自匈牙利的歌舞团，他(她)们都穿着民族服装，热情奔放，攀谈起来才知道，不少团员是第一次来布鲁塞尔。

广场上有七条街巷通向市区其他地方。这些街巷店铺鳞次栉比，出售各种小商品和纪念品，具有当地特色的商品琳琅满目，特别是有独特风格的布鲁塞尔花边和玻璃制品颇受旅游者的欢迎；咖啡店、冷饮店、小餐馆遍布大广场各个角落；有一条街全是小餐馆，每个餐馆都有自己的特色和看家菜，也有共同的菜品，这就是“moller”(海虹)。这是许多食客钟情的一道美味。笔者曾请不少友人品尝，除了它的肉香之外，它的汤汁之鲜美实在难以名状。当然，欣赏美食少不了啜饮啤酒。比利时乃啤酒之乡，400多种啤酒很难遍尝，选择一些名牌，体味一下不同类型的啤酒未尝不是一种享受。

晚上，华灯齐放，还不时有烟花助兴，像一道道彩虹，点染着天空的夜色，连同广场上的歌声、欢呼声和音乐的声响，会使你觉得热烈欢快，激情满怀。身处此情此景，你怎能不感念生活的美好呢！

这时你不由得会想到，中国古人曾把"良辰、美景、赏心、乐事"称为"四美"，在布鲁塞尔大广场享受夜景之美和狂欢之乐正是"四美具"的情境。

市政厅

大广场上最主要的建筑——市政厅几乎占了广场整个南侧，它包括了一组建筑物，形成了一个内院。它是比利时最漂亮的哥特式建筑之一。它的中间部分是塔式钟楼，底层是拱形门道通向内院，门楣上半圆式三角形的墙面上有五个塑像，象征正义、贤明、和平、法律、节制和力量。钟楼建于1449年，高90米，塔尖立有一尊布鲁塞尔守护神圣·米歇尔5米高的雕像，看上去高耸入云，仿佛君临天下，令人敬畏。市政厅主体建筑的两翼建于不同年代，分别由两位建筑师设计，比塔式钟楼早建了许多年。它们是两座L形建筑。楼的底层在拱形门道两侧是一个由17个拱形孔柱组成的走廊。整个建筑立面都有许多塑像和雕刻，充分展现了中世纪建筑的特色。建筑的内侧是有所抑制的古典主义风格，院内有两眼泉水，均有塑像做装饰。

市政厅虽然是几百年的建筑，但被维护得很好，直到现在布鲁塞尔市长仍

布鲁塞尔市政厅

在这里办公。笔者曾拜会过市长，在市长的接见厅和办公室都作过短暂的停留。我国不少访问过比利时的代表团也都参观过这栋建筑，它的宏伟、古朴、典雅和实用令人赞叹。房间内的地面是上好的木质地板铺就，墙壁要么挂着壁毯，要么挂着油画，天花板上也都绘有油画，从天花板上垂下的水晶吊灯让室内显得光鲜而辉煌。

我每到大广场总会不由自主地想，古建筑的保护是一种文化诉求，比利时人对他们自己传统文化的热爱和保护刻意为之，细致入微，反映了比利时这个民族的人文精神的深厚积淀。

国王之家

布鲁塞尔市政厅的对面是一栋重要建筑——国王之家，现在是城市博物馆。这座建筑曾用作国家监狱，布拉邦公爵亦曾在这里设立税收局，因此它也曾被称为“公爵之家”。由于这栋建筑所用的材料不易维护，1873年市议会决定拆毁重建。重建以原状为基础，改为青砖结构，拱形立面，马鞍形的屋顶，中间的塔楼悬有大吊灯。在底层拱廊之上，有两座塑像，一座是勃艮第的公主玛丽，她于1447年把“国王之家”转让给布鲁塞尔；另一座是玛丽的孙子查理五世，他任国王时曾重修此楼。

国王之家现已改为市博物馆，馆内收藏的陶瓷和瓷器最为著名。撒尿小童于连的服装展也在这里，现已收藏700多件，蔚为壮观。

独具谐趣的建筑名称

广场周围的其他建筑基本上是中世纪和行会的建筑，每栋建筑规模不一，大多设计简约，但与主建筑市政厅和国王之家都保持着庄重协调，犹如衬托红花的绿叶。这些建筑都仍在使用，但已不是行会办公的地方，可是它们脍炙人口的名字却保留下来，例如“母狼之家”原为弓箭手行会，“狐狸之家”为服饰用品商同业行会，“小号角”为船夫行会，“袋子”为细木匠及箍桶匠行会，

国王之家

布鲁塞尔大广场上塞克拉斯铜像

"独轮车"是油漆业行会。"鼹鼠"和"小金艇"属于裁缝行会,"鸽子"原来是画家行会所在地,维克多·雨果1852年曾居住在这里。马克思居住过的"天鹅之家"原是肉业行会总部。紧靠"天鹅之家"的楼宇叫"星星",这幢楼的廊道上有一座铜铸的卧像,是为纪念一位14世纪时行会反对贵族的英雄塞克拉斯而设置于此处的。传说触摸铜像可以交好运,所以铜像各部位都被摸得明光锃亮。

"天鹅之家"另一侧叫"金树"大楼,也叫"啤酒之家",现为啤酒博物馆。还有几幢楼宇为民居,这些民居楼宇都是不尚雕饰的普通楼宇,但保持了与整体建筑群和谐一致的佛拉芒风格。

Tips

布拉邦公爵大厦

在广场东侧建有一字排开的巨大建筑,可谓连云排栋,这幢建筑实际上包含了几栋房屋,每座房屋都有自己的名字,这几栋房屋的名字是:"名声"(Fame)、"隐士"(Hermit)、"财富"(Fortune)、"风车"(The Windmill)、"锡壶"(The Tin-Pot)、"高地"(The Hill),整个大厦名叫布拉邦公爵大厦,因为在第二层楼的窗子下方有布拉邦公爵的塑像。实际上,无论是公爵还是国王都不曾在此居住过。

撒尿小童于连的故事

在我们中国旅游者的印象中,布鲁塞尔主要有三大景点:大广场、滑铁卢古战场(实际上滑铁卢在行政区划上属于瓦隆大区)和原子球展览馆。而凡是到大广场参观的游览者,除了饱览大广场的建筑风光外，不可不去“看望”一下撒尿小童于连，他就在大广场南侧“星星”大楼向西穿过一条马路的一条巷子的拐角处。笔者15年前第一次见到他时，感到很惊讶，这座铜铸的塑像很小，只有50厘米高，立在那里正旁若无人地撒尿，这实在出乎我的预料，比我想象中的撒尿小童小多了。看来，我被以前看过的小于连图片误导了。铜像坐落在一条狭窄的小巷，不可能做到很大。小家伙如此可爱，在他面前总是游人如织，拍照的，接“尿”（水）的络绎不绝。他平时总是赤裸身体，这撒尿的

撒尿小童于连

姿态也透露出比利时人的幽默，但到节庆日他就会穿上节日盛装，这些服装都是世界各国赠送给小于连的。从1696年他接受第一件衣服算起，到现在他已有700多件各色各样的服装，可能是世界上拥有最大数量、最多款式服装的人。其中也有上世纪80年代我国赠送的一套民族服装和一套军装。

圣·休伯特长廊和马克思

圣·休伯特长廊是布鲁塞尔著名的购物街，位于大广场东北方不远的地方，街长212米，宽8米，建于1846—1847年，由国王利奥波德一世奠基。长廊两侧是鳞次栉比的商店、电影院、剧院、咖啡馆、酒吧，许多是名牌老店，出售高档服装、皮鞋、金银饰品、古董、巧克力、手工艺品，等等。商店橱窗宽敞明亮，内部装修豪华高雅，商品琳琅满目。街的中段两侧巷子里全是一家挨一家的餐馆，号称“海鲜一条街”。这条购物长廊最大的特点是整条街都用玻璃顶棚覆盖，顶棚高达18米。购物者徜徉其间，不必担心风吹雨淋，却能享受充足明亮的光线。这在当时的欧洲是绝无仅有的最豪华的购物街，被誉为“消费天堂”。

值得一提的是，购物街在建时，马克思正在布鲁塞尔流亡。据说，马克思当时住在大广场的“天鹅之家”大厦，离这条购物街很近。目睹这条街的修建，正在起草《共产党宣言》的马克思感到无比愤慨，将它视为“资本主义的象

Tips

小于连故事的不同版本

关于小于连的故事，有几种不同版本，传说较广的是：几百年前敌人入侵布鲁塞尔并企图将城市烧毁，就在火药引线燃烧到炸药之前的一刹那，小于连的一泡尿将引线浇灭，挽救了全城免于焚毁。为了感谢小于连，人们为他立像纪念，并封他为布鲁塞尔首席市民。另一版本说，1142年，哥德弗雷公爵还只有不到一周岁的时候，就被他父亲带到战场上，但父亲不幸阵亡，军队士气受挫，在部队正要撤退的关键时刻，小公爵突然从摇篮中站起来撒尿，此举鼓舞了士兵奋起反攻，并转败为胜。不管哪种传说更可信，撒尿小童成了布鲁塞尔人世世代代尊崇的小圣人。但是，他也曾经历多次磨难。1745年塑像还曾被英国军队夺走，布鲁塞尔市民又设法寻回。两年以后，法军又试图迁移小铜像，引发了布鲁塞尔市民的骚乱，法国国王路易十五不得不以赠送小于连漂亮服装来平息这次骚乱。

休伯特购物街橱窗

征”，称它为“资本主义的丑恶面目”。

马克思的愤慨有着深刻的历史背景：当时欧洲资本主义的发展正处于上升期，资本家对工人的剥削压榨十分残酷，阶级矛盾日趋尖锐，加上欧洲当时正发生农业经济危机，大范围的饥荒折磨着广大民众，革命的烽火遍地燃烧，马克思和恩格斯正在努力引导工人运动走向自觉的无产阶级革命运动。在这样的背景下，圣·休伯特购物长廊的奢华和广大工农民众的苦难形成鲜明的对比。了解了这个历史背景就不难理解马克思何以如此愤慨了。

我猜想，如果读者现在到这条大街游览购物，必定不会感到太惊讶，有玻璃顶棚的购物街在今天的世界上已不算新奇。如今的圣·休伯特大街仍是布鲁塞尔高档商品销售中心之一，但已不那么鹤立鸡群了，马克思如果今天在世，相信他也会淡然处之了。

圣·休伯特特购物街

如今的圣·休伯特大街仍是布鲁塞尔高档商品销售中心之一。

萨布隆广场

布鲁塞尔萨布隆广场位于大广场的东边，是游客钟情的地方之一，这是因为它是古董和艺术品销售中心。

这个地方在12世纪的时候还是在当时的布鲁塞尔城墙之外，是居民进城的必经之地，由于走的人多，这条通向城门的沙土路逐渐塌陷，变得凹凸不平，路两侧的黄土层裸露出来，法语把这种沙土叫“sablon”，人们也就逐渐用“萨布隆”称呼这个地方。14世纪，这里建起一个小礼拜堂，而且立了一尊圣母塑像，受到人们的景仰，小礼拜堂成了朝圣的地点，来往的人群越来越多，这时它已经划在14世纪的城墙之内。1450年前后，小礼拜堂改建成漂亮的哥特式教堂，称作萨布隆教堂或叫维多利亚圣母教堂。在后来的几个世纪中，由于这里靠近公爵的宫殿，越来越多的名门望

族在这里安家。

19世纪下半叶，出现了一个大变化。因修建摄政王大道（Regentschapstraat/Rue de la Regence），萨布隆被分成两部分。在此期间教堂按新哥特式风格进行修缮，原来附属于它的房屋被拆除，教堂的东面新建了一个公园，叫萨布隆公园，公园周围立有48座小塑像，代表中世纪布鲁塞尔的行会，公园中心立着埃格蒙和霍恩伯爵的塑像，他们是西班牙国王菲利普二世下令在市场广场被处死的，是为布鲁塞尔的利益而献身的。

现在，这里是古董和艺术市场，数百家古董店和画廊在这里经营。来这里淘宝的人群熙熙攘攘，摩肩接踵，特别是每周六一整天和周日上午是顾客最多的时候。在紧邻的Marolles地区，每天早晨6点钟到下午1点钟跳蚤市场开放，如果你有耐心并且很细心，又善于讨价还价，你真可以淘到廉价的好宝贝。我的夫人曾淘到一个铜铃，铃声悦耳悠长，如一缕游丝，经久不息，真有所谓“绕梁三日”的感觉。我的同事有的淘到过精致的自鸣钟，有的淘到过大龙邮票。布鲁塞尔的跳蚤市场和欧洲其他地方的跳蚤市场一样，有许多中国的古董。不少人在这里摆地摊儿出售的是他（她）家里收藏的东西，据有的地摊儿主讲，他们摆地摊儿出售家里的藏品不是因为缺钱花，而是体验一下做生意的乐趣，也是处理家里没有用处的东西的机会。所以，有的摊主并不一定知道他摆出的物件的价值，逛摊人要是碰上这样的摊主，那就幸运了。

萨布隆广场还有许多餐馆和咖啡店，著名的面包店Wittamer也在这里开设门市。逛摊儿之间在这里就餐或啜饮咖啡，这样度过休闲的一天也是很惬意的。

布鲁塞尔萨布隆花园

五十年宫

1880年是比利时独立五十周年，利奥波德二世国王希望在布鲁塞尔举行世界博览会，让世界看到比利时这个新国家的繁荣，为比利时在欧洲列强中争得一席地位，当时，利奥波德二世已经取得非洲刚果殖民地，对殖民地的掠夺使他具备了大兴土木的财政能力。所以，他决定使用他新获得的财富让布鲁塞尔具有欧洲重要城市的面貌，五十年宫和附属它的公园及纪念物就是实现他的愿望的重要组成部分。五十年宫的正式名称是The Cinguantenaire Park。博览会会址选在原军事训练场旧址，因为这块地方在市中心区之外。博览会建筑最引人注目的部分是凯旋门，它是表现布鲁塞尔光荣历史的纪念物，也是从布鲁塞尔东边通过新建的、漂亮的特沃伦大道（Avenue de Tervuren）进入市中心的新的入口大门。过了凯旋门便通向著名的法律大街而进入国家立法、司法、行政及皇家等权力机构所在区域。

凯旋门虽然计划是为1880年的世界博览会而建，但是工期拖的时间很长，1880年仅仅完成了柱基工程，展览会期间，其他部分临时用木板搭建。在随后的几年，国王和政府之间争执不休，因为政府根本不愿花这么多钱修建一个他们认为毫无必要的纪念工程，最后，通过私人募款，包括国王自己的投入，凯旋门终于于1905年落成，正好是比利时独立75周年之时。

五十年宫堪称布鲁塞尔的另一个地标建筑，它气势宏伟，造型美观，雍容华贵，地处要津，使人敬畏。凯旋门高45米，建有三个各宽10米高大的拱形门洞，中间门洞的最上方雄踞着四马并驰的战车，代表布拉邦省，石柱底部寓言雕塑象征其他几个省。凯旋门呈弧形的两翼异常巨大，全是规模宏大的展览大厅。这座建筑的主要建筑材料是钢铁和玻璃，

五十年宫凯旋门上的战车雕塑

原子球

可以称得上是工业成果的光荣的展示。博览会后，政府决定将这些大厅辟为博物馆。现在它的左翼（北厅）是军事博物馆，收藏有飞机、老式汽车，武器、纪念章、服装战旗，等等，还有一个藏书8万多册的图书馆。不幸的是，右翼（南厅）于1946年毁于大火，1950年重建，但不是原来的风格，现在是皇家美术与历史博物馆，是欧洲最大的博物馆之一，收藏有希腊文物、罗马文物、东方文物、美洲文物、民俗文物、工业文物及远东艺术品等。

2001年9月，中国总理朱镕基访问比利时时曾在这里举行介绍中国的图片展览，朱总理出席了开幕式。同年早些时候，天津市博物馆在这里举办了该馆馆藏精品展览，观众很踊跃。能在五十年宫举办展览也是一种高规格的待遇，象征着中比友好合作关系的水平。

原子球
——一个别出心裁的建筑

布鲁塞尔有一座非常特殊的建筑，九个巨大的金属球体兀立空中，相互用看起来很细的管道连接，远看有如悬球，这在世界上绝无仅有，恐怕也是空前绝后。它位于布鲁塞尔的西北部，是1958年为举办世界博览会而建。建筑的设计别出心裁，是按照铁元素的分子结构放大1650亿倍建造的，落成以后成为欧洲首都中最受游客欢迎的建筑之一。

原子球

是现代布鲁塞尔的象征和布鲁塞尔的新地标。有人说，不到原子球顶球放眼远眺，就等于没有到过布鲁塞尔。

原子球共9个金属球，每个球体直径为18米，球体间由26米长、直径3米的空心骨架连接，通过空心骨架，可以到达每个球体。从地面乘电梯可以直达102米高的最高球体。在最高球体放眼望去，布鲁塞尔全城一览无余，在天气晴好时，可以一直看到安特卫普。

原子球的总重量是2200吨，每个球分两层，平面面积240平方米，球内都用作展览厅，主要展览太阳能、和平利用原子能、宇航和气象发展史等，原子球建筑的历史则常年展出。一到晚间，原子球的2970盏灯在球体上大放光明，从远处望去，使人感到如临仙境。

舒曼广场和欧盟机构

在布鲁塞尔的东北部城区有一个叫舒曼广场的地方，是为纪念被称为“欧洲之父”的舒曼而命名的。这是因为他在1950年提出的欧洲一体化最初的蓝图——舒曼计划而闻名。这个广场的周围后来建起了许多高层办公楼，都是现代化的新式建筑。这些建筑就是欧盟各机构的办公地点。这个区域也叫“欧洲之角”。

欧盟的前身是欧洲共同体，欧洲共同体实际上包括三部分：欧洲经济共同体，欧洲煤钢共同体和欧洲原子能共同体。欧洲共同体成立之初，共同体机构驻地实际上有多个候选城市。布鲁塞尔本来是作为妥协的产物而中选，但是比利时政府当时倾向于列日，遭到其他成员国一致反对。协议未能达成，各机构要展开工作必须找到工作场所，结果卢森堡被定为临时地点，欧共体议会暂时选在斯特拉斯堡，因为只有斯特拉斯堡才有足够大的半圆形会议厅。

后来，比利时政府由过去不太积极的态度转变为持积极态度，并在布鲁塞尔东北部为欧共体机构辟出一块用地。不久成立了一个专家委员会来论证欧共体总部各机构驻地以何者为佳。专家委员会经过调查研究，撰写了一份正式报告，其结论是：布鲁塞尔是唯一的选择，理由是：布鲁塞尔是一个有活力的大城市，市中心不拥塞，没有破旧房屋；同各成员国首都有良好的通讯联络设施，同主要的商务和海运市场联络畅通，境内运输系统发达，本身是重要的国际商业中心；能为欧共体公务人员提供足够的住房；经济开放。更为重要的是它正好位于欧洲两大文明即拉丁文明和日耳曼文明的交汇处，又是战后首次进行一体化试验的中心（指荷、比、卢联盟）。专家委员会还强调：由于它是小国首都，它就不会依仗机构所在地向其他成员国施加压力，在主要大国间更能保持中间立场。专家委员会的报告很快被欧共体理事会、共同体议会和共同体委员会通过，但是此后仍然用了三年时间才最后落实。原因是有些成员国还存在障碍。卢森堡还想让煤钢共同体留在自己的国家内或得到赔偿。法国则为斯特拉斯堡夺魁而力争，意大利最初支持巴黎，后来则竭力争取自己的城市当选。这些障碍经过长时间的协商而最终得到解决，结果就是目前这个状态：三大机构集中设在布鲁塞尔，欧洲议会大会在斯特拉斯堡举行，欧洲法院设在卢森堡。

欧盟机构在布鲁塞尔拥有几十幢办公楼，仅欧盟委员会即有61幢。欧委会的雇员有25000人，欧洲议会有6000人。最有代表性的建筑是欧盟委员会的办公大楼伯雷蒙特大厦（Berlaymont），这幢建筑占地相当大，是个四角星形的14层玻璃大厦，使用面积240500平方米。整个大厦看不见水泥建材。大厦于1963年开始建造，后来发现楼内使用的石棉建材有污染，于是从1994年开始予以腾空改造，由于各种

远看欧委会大楼

原因，工程一再延期，直到2004年才正式投入使用，2700名工作人员搬进去办公。这幢办公楼前每天都是车水马龙，人群川流不息。在布鲁塞尔，有常驻记者1200人，各种利益集团的游说人士就有13000多人，其中大部分的游说对象是欧盟机构。在舒曼广场周围，欧委会占有865000平方米的办公面积，欧盟扩大后又有2250人受雇，需要新增35000平方米的办公面积。有人担心这种情况会形成过于拥挤的聚居效应(ghetto)。为解决此问题，欧委会从2004年开始将机构设法分散于其他街区。笔者任职时经常去欧盟机构同欧盟官员打交道，到欧委会办公楼最频繁。我国访欧的各种代表团也常去这座建筑会见欧盟官员。有时双方进行长时间的正式会谈，这时一般需用同声传译而不用交传。比较有意思的是：欧盟的译员都坚守8小时工作制，上午到12时下班午餐，下午5点钟下班。如果会谈双方到下班时间没有谈完，译员们不会陪着加班，他们会毫不客气地夹起皮包走路，这时我们的译员只好出场给双方翻译。这种情况也可以理解，以同声传译为职业的人，长时间当"传声筒"，会产生麻木感、疲劳感，翻译的时候常会出现意思不相连贯、逻辑混乱的情况，会使听者如堕五里云雾，不知所云。我的一位上司曾说，他在联合国听会，同声传译传出的中文他从来没听懂过，所以他们需要正常的作息。欧盟译员队伍相当庞大，我在布鲁塞尔期间(1997—2001)据说就有4000多人，如今欧盟已有27个成员国，使用23种语言，这支队伍肯定又大大扩张了。

欧盟理事会办公楼叫居斯图斯利普休斯大楼(Justus Lipsius Building)欧洲议会办公楼叫利奥波德大楼。

欧盟在布鲁塞尔的存在对比利时和布鲁塞尔产生了意义重大的经济和社会影响。比利时一位参议员说"布鲁塞尔的繁荣是欧盟存在的结果"。许多大公司和国际机构到布鲁塞尔设点安家就是因为欧盟的存在。全市45%的人口是外来人口，其中半数来自欧盟。大约3/5的欧盟公务员住在布鲁塞尔首都地区，其中63%的人住在"欧盟之角"周围的社区，半数欧盟公务员有自己的房子。欧盟吸收了50000人在这个城市工作，他们直接或间接地受雇于欧盟机构。另外还有20000人因欧盟机构的存在而在此工作。还有2000家公司在此雇用80000多名多语种当地居民，每年创造20多亿欧元的价值。在布鲁塞尔有350万平方米办公用房，一半是欧盟所用。

Tips

欧盟机构运转费用

欧盟机构运转费用一年开支约20亿欧元，一半使布鲁塞尔直接受益，另有大约8000万欧元是外交人员和记者的消费。全城酒店入住数一年有220万。有国际学校30所，15000学生，2000工作人员，年消费额990万欧元。

圣·古杜拉教堂

圣·米歇尔和圣·古杜拉教堂

这座教堂建在布鲁塞尔的一座小山上。1047年鲁汶伯爵兰伯特二世建立了一个牧师会，把殉教者圣·古杜拉(Saint Gudula)的骸骨从原来出土的教堂（圣格雷岛上的Saint Gaugericus教堂）迁到圣·米歇尔教堂，天使圣·米歇尔和殉教者圣·古杜拉都是布鲁塞尔的守护神。

教堂原来是罗曼式风格，13世纪时改建为哥特式风格，今天，在地下室仍能看见原建筑的地基。哥特式唱经堂建于1226–1276年之间，中殿和耳堂建于15世纪中叶，西面的外立面建于1450–1490年之间。这座教堂是梅赫伦–布鲁塞尔教区大主教的座堂，地位很高。现任大主教是安德烈–穆田·利奥纳德（Andre–Mutien Leonard）。因教堂位于首都，所以是经常举行国家宗教仪式的地方，如皇家婚礼和葬礼均在此举行。教堂有两个塔楼，高69米，两塔之间有一个小拱廊连接，楼顶大龛笼中立有圣·米歇尔战胜巨龙和两圣人陪伴圣·古杜拉的塑像。教堂正立面修建了一座塔梯可以通向三个入口大门，教堂中殿两侧12根石柱支撑着圆拱顶和大彩色玻璃窗，石柱上饰有十二使徒塑像，突出了晚期哥特式风格，这种风格使更多的光线射进教堂。南塔楼有一架49只钟的钟琴，这里经常举行星期音乐会。唱经堂比较暗，因为窗子小。在唱经堂左边的礼拜堂，人们可以看到在彩色玻璃窗上的图案是几位国王和皇帝的图像，这些彩色玻璃是他们出资捐助的，他们是：葡萄牙约奥三世（Joao III of Portugal）、匈牙利的路易斯（Louis of Hungery）、法国的佛兰克一世和斐迪南一世（Francois I of France and Ferdinand I）。在唱经堂的窗子上可以见到以下几位统治者：奥地利的马克西米连（Maximilian of Austria），美男子菲利普(Philip the Beautiful)、查理五世和菲利普二世(Charles V and Philip II of Spain)、萨沃伊王室的菲利伯特及其妻子奥地利的玛格丽特(Philibert of Savoy and Margaret)。整个20世纪教堂一直在重修，1999年12月菲利普王储和马蒂尔达公主在这里举行婚礼前夕工程完工。

艺术瑰宝之家——布鲁塞尔皇家艺术博物馆

布鲁塞尔皇家艺术博物馆位于下城区的库登伯格（Coudenberg），它分成四个博物馆，在博物馆主楼的两个分别是：古代艺术博物馆（the Museum of Ancient Art）和现代艺术博物馆（the Museum of Modern Art）。另外两个是：康斯坦丁·穆尼尔博物馆（Constantin Meunier Museum）和安托尼·瓦尔兹博物馆（Antoine

Tips

关于布鲁塞尔皇家艺术博物馆

建筑长64米、高18米，建筑的正中是四座雄浑的青石立柱，立柱之上有四尊铜像，分别代表绘画、雕塑、建筑和音乐。建筑正门的两侧各有一组铜质塑像，右边是“艺术的荣耀”，左边是“艺术的启示”，两组塑像和正中的四座立柱及其上的四尊雕像，上下左右交相辉映、相得益彰，构成了一幅和谐美妙的艺术图景。

Wiertz Museum)。它们是特别为比利时艺术家而设，规模较小，位于离市区较远的地方。

康斯坦丁·穆尼尔博物馆

皇家博物馆收藏有20000多件15世纪到现在的绘画、雕塑和油画作品。博物馆广泛收藏了佛拉芒画家的作品，这些画家有勃鲁盖尔(Bruegel)、罗杰·凡·德·韦登(Rogier van der Weyden)罗伯特·康平(Robert Campin)安托尼·凡·迪克(Anthony van Dyck)和雅克布·乔丹(Jacob Jordaens)。博物馆还专设“鲁本斯厅”，收藏约20幅鲁本斯作品，并为此引以自豪。

博物馆有一幅著名的油画《伊卡鲁斯陨落的场景》(Landscape with the Fall of Icarus”,长期被认为是勃鲁盖尔的作品。英国诗人奥登(W.H.Auden)的著名诗篇Musee Beaux Arts即是以此馆的名称命名的。这是一幅画在帆布上的希腊神话故事，讲的是发明家戴达罗斯的儿子因插上蜡制的翅膀飞近太阳而死。后来经过专家的考证鉴定，认为这幅画是1560年代的临摹画，临摹者是一位佛拉芒画家汉斯·波尔(Hans Bol)。

博物馆建筑本身就是一件艺术品，是新古典建筑艺术的经典之作，由比利时建筑师阿尔方斯·巴拉特(Alphonse Balat)设计，利奥波德二世国王出资，巴拉特是国王的主要建筑师。这个博物馆是国王庞大建筑计划的一部分，于1887年建成。

皇家艺术博物馆

港口城市安特卫普

安特卫普名称的由来

关于安特卫普名称的由来有多种说法，最为人津津乐道的是一则民间传说：古时候有一个邪恶巨人名叫安提贡，住在斯海尔德河畔。他每天都向过河的行人征收过路费，谁要是交不出钱，谁就会被砍掉一只手扔到河里。后来，一位叫布拉伯的小伙子与安提贡决斗，安提贡被打败。布拉伯以其人之道还治其人之身，砍掉安提贡的一只手扔到河里，从此斯海尔德河两岸之间畅行无阻，小伙子布拉伯被誉为“为民除害的英雄”。于是，Antwerpen（荷兰语的hand和werpen两词合成，是“扔手”的意思）就成了这个城市的名字。今天，立在市中心广场上的青铜雕像就是布拉伯将巨人断掌扔到河里的英姿形象。当然，也有的学者指出：公元4世纪，安特卫普已被命名，那时日耳曼的法兰克部落在此定居，所以这个名字来源于“anda”（在……上）和“werpum”（码头），合起来就是“住在码头上”的意思。这个解释可能更有根据，更合理。但是，人们更喜欢故事，所以前述的神话传说流传得更广，青铜雕像立于广场中心也就顺理成章了。

中心广场上的扔手雕像

曾经的辉煌

安特卫普是仅次于布鲁塞尔的比利时第二大城市，15世纪末到16世纪下半叶是它的“黄金时代”，其地位超过了布鲁塞尔。西班牙大公埃斯特雷拉1549年曾把安特卫普誉为“世界的首都”。

安特卫普是依靠国际贸易而发展起来的。它在14世纪时还是个只有7000人口的小镇，百年之后就已有4万人，到1566年它达到繁荣顶峰时，已有10万人口。当时在阿尔卑斯山以北，安特卫普与巴黎已经并驾齐驱。

从15世纪末开始，由于布鲁日港通向北海的通道淤塞，外国贸易商家开始从布鲁日向安特卫普转移。16世纪下半叶，常住安特卫普的外国商人差不多上千人，西班牙、葡萄牙和犹太商人云集在安特卫普创业“淘金”。当时国际贸易的重心也正从地中海移向大西洋沿岸。1540年前后，尼德兰四分之三的国际贸易经过安特卫普港，安特卫普的贸易额占世界贸易总额的40%。安特卫普的贸易主要有三大支撑点：第一是胡椒贸易，这主要是葡萄牙商人经营的庞大市场；第二是从西班牙塞维利亚来此的美洲白银，这和当时由西班牙开创的“探险时代”紧密相关；第三是英国的纺织业和比利时本地的印染及毛麻纺织业。稍后，又有犹太人的钻石业成为重要产业。

贸易的迅速发展促进了对人才的需求，也刺激了信贷制度的发展。1531

中心广场

年，欧洲第一家证券交易所在安特卫普诞生，到安特卫普闯江湖的会计人员、银行和保险业人员纷至沓来，熟练工络绎不绝。

但是，1566年安特卫普发生了历史性的转折。当年夏季，发源于德国的宗教改革运动在低地国家引发了骚乱。1572年，八十年战争爆发，安特卫普的海外贸易被冲垮。1576年11月，西班牙军队的士兵洗劫了安特卫普，原因是西班牙国王菲利普二世（也是尼德兰的最高统治者）耽搁了发给士兵的军饷。当时运送军饷的船只在海上遇到风暴，到英国寻求避难，不料船上所载40万盾银币被英国伊丽莎白女王扣押。这场洗劫持续了三天，烧杀抢掠使800栋房屋被焚毁，200多万银币损毁净尽，7000多市民丧生。安特卫普的纺织业也从此凋敝，英国商人只好另寻出路。到1582年英国同安特卫普的所有贸易都停止了，城里犹太族群遭到巨大伤害，安特卫普自此失去了欧洲最富有城市之一的地位。后来虽有所恢复，但昔日的锦绣繁华已不再，它的经济、金融和文化中心的地位被阿姆斯特丹取而代之。

1585年，安特卫普曾做过反抗西班牙专制统治的起义者的首都。后来起义成功，荷兰独立，但南尼德兰仍由西班牙统治，安特卫普的6万新教徒中有4万去了北方避难，其中有许多精英人士，这部分人就成为了荷兰“黄金时代”商业繁荣的重要人才资源。

1648年签订的承认荷兰独立的“明斯特和约”规定，斯海尔德河河口予以关闭，这使安特卫普的贸易活动受到极大打击，一直到1863年这个障碍才解除，比利时政府赎回了由斯海尔德河出海的商业经营权。法国统治时期，拿破仑曾拨巨资改造安特卫普港，以增强同英国抗衡的资本。但是这一雄心勃勃的计划未及实现，拿破仑就在滑铁卢一败涂地，被送往圣赫勒拿岛，终结了叱咤风云的一生。安特卫普也失去了一次重新崛起的机会。

第二次世界大战时，安特卫普因其港口地位重要而成为兵家必争的战略目标。1940年5月，德军占领了安特卫普，直到1944年12月4日英军解放了这座重要的港口城市。二战结束前夕，安特卫普港为盟军取得最后胜利做出了重要贡献，1945年上半年，港口平均每月为盟军运送装备50万吨，欧洲战场的战斗结束后，又把大量武器和装备运往太平洋战区，直至日本投降。

战后，安特卫普大力恢复城市功

俯瞰安特卫普

贝伦德列克船闸

潮汐影响。二战后修建了一座船闸叫贝伦德列克（Berendrecht）船闸，这是世界上最大的船闸，1989年投入使用。2000年7月，当时的朱镕基总理访问比利时，曾专程参观安特卫普港，看了这座船闸。

能，取得了骄人的成就，安特卫普港口建设是最成功的范例之一。按国际运输量计算，安特卫普港是世界第四大港，欧洲第二大港，仅次于鹿特丹。它所承运的货物几乎全部是国际运输。它的设施和技术擅长于运输超大型货物，也具有承运大批量散货的能力。此外，港区设有石油化工区，有五家大型炼油和石油化工企业。这个企业集群规模之大仅次于美国的休斯顿石油化工集团。另外，还有四个核电厂，一个常规电厂和几个小型电厂。这些企业直接和港口联系在一起，创造了巨大的经济效益。

安特卫普港处于欧洲中心位置，港口沿斯海尔德河延伸20公里，距海大约70公里，腹地广大，除比利时本土外，法国北部、阿尔萨斯、洛林地区、卢森堡、莱茵河—美因河流域、鲁尔地区、荷兰、意大利北部都在其覆盖的范围内。安特卫普港的码头泊位半数以上在挖入式港池中，港池间有运河沟通并设船闸与斯海尔德河隔开，不受北海

安特卫普的港区与欧洲的高速公路直接相连，还是12条国际铁路的终点，港区内的铁路网长达960公里。安特卫普处于斯海尔德河、莱茵河运河、默兹河三角洲，与比利时境内和欧洲内陆的水运网相连，每年有52000艘次内河驳船出入安特卫普港。集装箱码头和滚装码头都设有内河驳船专用泊位，与腹地之间有直达集装箱航线，有些货物也通过管道运输，港区内有100多条管道线，总长度超过350公里。安特卫普还担负着港口之间货物中转功能，是国际货物仓储和分

Tips

安特卫普港口建设

从1989年以来，安特卫普港集中力量修建快速进出港泊位。右岸两个集装码头已启用，老码头也实施了现代化的改造。2007年，集装箱运输能力已达800万标准箱，港口吞吐总量已达1.1亿吨。2010年，港口当局决定未来15年内将投入16亿欧元来继续改善港口的设施，提高港口的运输能力。

拨中心，港区有1200万平方米的仓储面积，有超过150万立方米的冷藏库，是欧洲最大的水果港。

钻石之都

安特卫普不但是比利时最大的港口，它还是世界钻石加工和贸易中心。钻石业占比利时出口总额的7%左右。大约有3万名雇员从事钻石的生产和交易，有1500家公司经营钻石的加工和交易。世界上共有21家钻石交易所，其中有4家在安特卫普。安特卫普由此而赢得世界钻石中心的地位，它的营业额1996年即达230亿美元。1993年，安特卫普举办了第一届“精品珍宝”展（From The Treasury）。那是欧洲的一次盛会，那一年安特卫普被称为“欧洲文化首都”。展览集中展示了历史上和当代独一无二的宝石和皇家宝石收藏。由于此次展览获得巨大成功，比利时钻石业高级理事会决定此后每四年举办一次。1997年，第二届精品珍宝展举办时，笔者有幸前往参观。展览场所人山人海，安特卫普像过节日庆典一样，街市上张灯结彩，车水马龙，来自世界各地的参观者摩肩接踵。当时，各交易所的专业人士都作一些讲解和操作，使我对鉴别钻石的方法和标准有了一点粗浅的了解。据专家讲，鉴别钻石有四个标准，或称四C标准，即Carat（重量）、Clarity（透明度）、Colour（颜色）、Cutting（切割）。游人或买家可以从交易市场开始参观，买一点粗糙的或大一点的钻石，然后实地观看这些钻石是怎样被加工成熠熠生辉的成品的。我的夫人在展览期间买过一颗钻石，按照规定，凡超过1克拉的钻石均由设在安特卫普世界钻石中心的钻石高级理事会发给证书，上面标有重量、透明度、颜色以及亮度、形状及尺寸等等，还有总的评价级别

Tips

展览珍品荟萃

中国俗语说“内行看门道，外行看热闹”，我这个门外汉更感兴趣的不是钻石加工和交易过程，而是钻石中心展柜中各式各样色彩斑斓，形态各异的展品，特别是当你从解说词中了解每件宝石的所有者是谁的时候，你真觉得是大开了眼界，大饱了眼福。这里有克林顿夫人希拉里在1992年和1997年克林顿总统就职典礼上所戴的钻戒；有梵蒂冈教皇皇冠所用的三重冕上的钻石；有葡萄牙国王约奥六世宣誓即位时服饰上的钻石；有丘吉尔夫人头饰上的宝石；有拿破仑1810年与奥地利公主玛丽·路易斯结婚时他的妹妹所佩戴的项链；还有俄国沙皇佩戴的服饰、头饰，等等，真是精美荟萃，琳琅满目，美不胜收。

钻石

和证书编号，证书下方有宝石鉴定师的签名。我的夫人所购刚好1.01克拉，因此取得了证书。钻石都是用纸包装的，外包装也是纸质的袋子，这出乎我的意料，我原以为钻石的包装一定是精致漂亮的盒子。当然，包装纸是两层半透明的像油纸一样的专用纸，外层是像普通纸张一样的特制的纸，这其实是更讲究更专业化的包装。看来，我原先的想法未能免俗。

安特卫普的钻石业最初是在16世纪由几个葡萄牙的犹太家庭在这里起家的。传统上一桩交易谈成，买卖双方互相握手，道一声祝你好运，这就算是谈妥了，没有任何书面合同，完全靠口头协议和信誉成交。这大概是指批发商之间的交易方式，个人购买恐怕不是这样，因为我的夫人所购是有合同和发票的。

普兰廷
—莫雷图斯印刷博物馆

普兰廷—莫雷图斯印刷博物馆是安特卫普的骄傲，因为它是世界上仅存的人类印刷历史的见证。这座博物馆原是建于16世纪的印刷厂，印刷厂的主人叫克里斯托弗·普兰廷。普兰廷死后，工厂由其女婿简·莫雷图斯接办。1876年，简·莫雷图斯的后人爱德华·莫雷图斯将公司连同工厂的设施和工厂开办以来的收藏整体地出售给安特卫普市市政当局，一年之后，安特卫普市把工厂改造为博物馆，向公众开放。这座博物馆在2002年被联合国教科文组织指定为世界文化遗产，2005年被列入教科文组织文化遗产名录。

印刷博物馆

普兰廷·莫雷图斯博物馆列入世界文化遗产名录是当之无愧的。因为它的收藏在世界上独一无二。虽然它未必是世界最古老的印刷厂，但是它所收藏和保留至今的印刷设备的完整性和年代之早，却是世界绝无仅有的。它不仅收藏了世界上最古老的印刷机、一整套印模和纸型、活字凸版设施，而且还有一个收藏丰富，装修古朴漂亮的图书馆，馆内有普兰廷全部的业务档案。在这里，我们可以看到很多珍品：

(一) 1568年—1573年出版的8卷五种

文字合编的《圣经》。当时普兰廷被怀疑为加尔文教派的同情者，那时安特卫普是坚定的罗马天主教城市。为了证明自己忠于西班牙统治者菲利普二世，他印制了这部五种文字合编的《圣经》。菲利普二世为这部圣经提供了资助，他还派人监督制作过程，共印制了1100册。（二）地理学书籍《世界舞台》（Theatrum Orbis Terrarum）。这部书被认为是世界第一部真正的现代世界地图集，编者阿伯拉罕·奥特留斯，出版于1570年5月。它收集了地图散页和说明，集合成册，铜版印刷。这部地图册也可以说是16世纪制图学概览。（三）一本介绍食用和药用各种花草的书。（四）解剖学著作。（五）关于十进位法的数学书。（六）鲁本斯的绘画。（七）人文学者加斯图斯·利普休斯（Justus Lipsius）的著作，等等。

人们知道，活字版印刷术是我国宋朝人毕昇发明的，后来由蒙古人在向西征服中亚和欧洲的过程中传到了欧洲，在欧洲进一步得到发展和完善。对活字版印刷术贡献最大的是德国人谷登堡（Johannes Gensfleisch zur Laden zum Gutenberg），他创造活字印刷术大约在1440—1448年，比毕昇的发明晚了400年，但是他在活字材料的改进，脂肪性油墨的应用以及印刷机的制造方面都取得了划时代开创性的成绩，从而奠定了现代印刷术的基础。他创造的铅合金印刷术，被世界各国广泛应用，一直到现在也没有完全消亡。因此，世界各国公认，现代印刷术的创始人是约翰内斯·谷登堡。

2000年9月，当时的朱镕基总理访问比利时，一位比利时友人向朱总理赠送了一幅400年前由普兰廷—莫雷图斯

印刷博物馆

印刷博物馆

印刷厂印制的世界地图。朱总理致函表示感谢："承蒙惠赠地图，谨表衷心谢意。此图为四百年前出版，弥足珍贵。地理沿革，历史变迁，抚今追昔，四百年沧桑尽在其中。人类对美好生活的追求是永恒的，世界总是不断进步的。我相信，通过我们坚持不懈的努力，人类的生活环境会越来越好。"

安特卫普动物园

安特卫普动物园建于1843年，是比利时也是世界上最早建立的动物园之一。建园之后由安特卫普皇家动物学会（The Antwerp Society for Zoology）管理，初始的宗旨是鼓励动物学和植物学的研究。首任园长是雅可·凯茨（Jacques Kets），他接受此职有一个条件：必须建立一个博物馆以收藏他所收集的自然历史文物。1844年，利奥波德一世国王主持了动物园揭幕仪式，在仪式上正式将它命名为皇家安特卫普动物园。

安特卫普动物园实际还包括一个"姐妹园"——普兰肯带尔（Planckendael）野生动物园。两园在一起有6000多头动物950余种类，每年有150万参观者，有10万名支持会员。动物园的面积最初不到1.59公顷，后来扩大到10.5公顷，主要的建筑最初有埃及神庙（1856）、羚羊馆（1861）等，二次大战后，用符合现代化的、科学的、教育的、文化的和艺术的标准建设动物园，修建了一些新的场馆，如哺乳动物馆、大综合馆、1973年新建的爬行动物苑、1978年建的猴苑。1997年，寒地（Freezeland）开放，它收了南极企鹅和阿拉斯加海獭。它还收了不少珍稀动物，如马来亚貘。

安特卫普动物园以保护、研究、繁殖生物而闻名，它参与了许多濒危动物的研究和保护，它在欧洲濒危动物项目研究的国际合作中发挥着重要作用。

动物园也举办一些文化活动。1920年，夏季奥林匹克运动会的拳击赛和摔跤赛曾在这里举行。它的老展览厅被新建的音乐厅所取代，为的是可以举办音乐会，而展览厅则移往新厅的二层。

安特卫普动物园

皇家艺术博物馆

安特卫普皇家艺术博物馆建于1810年，收藏14—20世纪的绘画、雕塑和素描作品，这些藏品都是南北尼德兰和安特卫普的14世纪以来艺术品生产和艺术欣赏品位的代表作。博物馆大厦是新古典主义建筑，由雅克布·文德斯（Jacob winders）和佛朗斯·凡·迪克设计。

皇家艺术馆

圣母大教堂

这个教堂是罗马天主教安特卫普教区主教座堂，1352年开工修建，1521年一期工程完工，但整个工程从未结束。这里存有鲁本斯的几幅经典作品，也收藏有其他艺术家的作品，如奥托·凡·韦恩（Otto van Veen）、雅克布·德·贝克（Jacob de Backer）和马腾·德·沃斯(Marten de Vos)的作品。

圣母大教堂的前身是9-12世纪时的一个小型圣母礼拜堂，1124年取得教区教堂的地位。12世纪时，改建成比较大的罗曼式教堂，有80米长42米宽。1352年，开始修建新的圣母教堂，计划建成尼德兰最大的哥特式教堂。教堂有两个等高的塔楼，但由于工程浩大，资金拮据，1521年才最终竣工，费时170多年，南塔楼也只完成了一部分。教堂塔楼高达123米，是低地国家最高的教堂，它最大的一口钟需用16个敲钟人。

1533年10月，新教堂发生火灾，第二座塔楼工期被迫延后。法国大革命后，从1801年教皇同拿破仑签署法国教会归属政府管辖之后，安特卫普

圣母大教堂内部

圣母教堂就失去了教区主教座堂的地位，直到1961年。在1566年的毁圣像运动中，清教徒将教堂内部大部分设施和收藏都破坏了。后来，清教徒控制了安特卫普，1581年又一批艺术品遭到破坏，直到1585年罗马天主教的权威才得到恢复。法国大革命后教堂再次遭到洗劫。1798年法国当局曾想拆毁教堂未果，教堂历尽劫波得以恢复。1816年，许多艺术珍品从巴黎归还给教堂，其中包括鲁本斯的三幅名画，这几幅画当年是被拿破仑下令要去的。

在整个19世纪，教堂一直进行重修和装饰，1965–1993年间又进行了一次全面修缮。

这个教堂还有举办音乐活动的传统。15世纪初，教堂的唱经堂开始积极举办音乐会，不久声名鹊起，许多著名的音乐家闻名而至。他们有歌唱家、作曲家、风琴演奏家，等等。

Tips

教堂收藏的鲁本斯作品

《耶稣被送上十字架》(The Raising of the Cross)

《耶稣被救下十字架》(Desent from the Cross)

《圣母升天》(The Assumption of the Virgin Mary)

中央火车站

安特卫普中央火车站是1895–1905年修建的。这是一座宏伟、美观、实用的建筑，它的设计不拘泥于某一特定的风格，而是从实际和实用出发，取各家之长，修建了这样一座安特卫普地

中央车站

标之一的公共建筑，100余年来虽经多次扩建改造，它的基本架构始终未变。虽然它曾被批评为“超折中主义”，但却被美国《新闻周刊》评为世界十大优秀火车站的第四名。车站大楼的外立面用石材包装，候车大厅盖有大圆屋顶。车站分四层，地上两层，地下两层，共有14个站台。1998年开始进行大规模改造，在它的南边Berchem车站和它的北边Dam车站之间修了一条地下通道，经过中央车站的地下二层的站台，将三个车站连在一起，从这里乘快速车不用转车。地上的第二层就是原来的老车站，分两组共六个站台，从这里可以看见下面的几层。地上一层是服务层，即票务和商店等服务窗口。地下一层距地面7米，两组四个站台，地下二层距地面18米，也是四个站台，其中两个是地道站台。

安特卫普的光荣——鲁本斯

彼得·保尔·鲁本斯是16世纪末17世纪初巴洛克绘画艺术的最杰出的代表人物，他大约于1577年生于德国的Siegen,他的父母本来是在安特卫普谋生，但因为是加尔文教派的同情者，为躲避宗教迫害，在鲁本斯出生前，移居科隆。他的父亲在科隆与奥连治公主私通差一点被判死刑。母亲千方百计进行营救，父亲终于获救。然而，他们全家只好流亡到威斯特法利亚的Siegen。鲁本斯就降生在这里，是他父母的第六个孩子。

父亲去世后全家又回到安特卫普，仍然皈依罗马天主教。因教育负担过重，鲁本斯只好到安特卫普的几个画家那里去当学徒。这几位画家是Tobias Verhaecht，Adam van Noort，Otto van Veen(Venius)。正是Venius对鲁本斯产生巨大影响，促使鲁本斯去意大利学习、观摩、研究，使他变得成熟起来，熟悉了意大利文艺复兴绘画大师们的风格。

1600年7月，鲁本斯开始为曼图阿公爵文森特一世(VincentoI the Duke of Mantua)工作。公爵是个艺术爱好者，也是绘画精品收藏家。公爵的收藏目的在于为年轻的画家们学习之用。在意大利期间，鲁本斯能看到和学习到著名的意大利绘画大师的作品，如卡拉齐（Carracci）、提香

鲁本斯自画像

鲁本斯雕像

（Titian）、拉斐尔（Raffael）和米开朗基罗（Michelonggelo）等大师的作品。1603年，他奉公爵之命去西班牙将一份绘画藏品和其他礼品赠送给菲利普三世。回到意大利后于1604-1605年，他画了第一幅重要作品《向圣母、圣子、圣灵礼拜的贡扎加家族》(The Gonzaga family worshipping the Holy Trinity)。1608年他的母亲病危，当他赶回家乡时，母亲已去世。回到安特卫普以后，他成为“浪漫集团”（romanist）成员，这是曾在意大利学习的艺术家的组织。他很快被任命为宫廷画师。宫廷画师通常应留在布鲁塞尔的宫廷里，但鲁本斯被允许留在家乡安特卫普。1609年他已为安特卫普市长作画。在这期间，诞生了两幅著名作品《耶稣被送上十字架》（The

Elevation of the Cross)和《耶稣下十字架》(The Descent from the Cross)。

1611年鲁本斯购买了一幢房子，他把它变成了一座画室，他的多数作品都是在这里创作出来的。由于他绘画大师的名声，他收到越来越多的国际订单，并很快誉满欧洲。由于订单太多，他不得不依靠他的学生，这些学生在他的画室与他一起工作。从1616年到1621年画家安敦·凡·迪克是最积极和有创造性的学生之一。鲁本斯要画祭坛画，还被要求为墙面和屋顶画装饰画，为壁毯制作画图样。1620年他同意为安特卫普的一个教堂画了39幅屋顶画，这些画今天已无法看到，因全部毁于1718年的一场大火。1628年，西班牙国王菲利普四世委托他去伦敦见查理一世国王，查理一世封他为骑士

Tips

鲁本斯故居博物馆

鲁本斯结婚后一年即1610年，购买了Wapper大街一座房子。他在这里修建了一个工作室，组建了一个工作班子，他的许多学生和他一起工作。在他的故居可以见到几幅他亲手绘制的作品。在工作室有其早期作品《亚当和夏娃在天堂》(Adam and Eve in Paradise)。它的自画像陈列在餐厅，此画作于1625-1628年，大约在他50岁的时候。在艺术画廊有三幅油画草稿：《The adoration of the Shepherds》，《The Martyrdom of St.Adrianus》和《Saint Clara of Assisi》。还有一幅最近收藏的年轻的安敦·凡·迪克的画像，他是鲁本斯最有天分的学生。再有一幅是《在巴黎面前亨利四世战役》(The Battle of Henry Befour Paris)(1630)。

《耶稣被送上十字架》

安特卫普市政厅

以感谢他为英西之间的和平所做的贡献，他在伦敦期间为白厅的宴会厅屋顶作了9幅画。晚年他居住在农村，在农村幽静的环境下，一批表现田园风光的作品问世了，1636年他还创作了一些神话题材的作品。鲁本斯64岁时逝世，葬于圣·雅可布教堂。据说，鲁本斯一生署名的画作有3000多幅，为世界许多美术馆和博物馆收藏。显然，其中有相当多的画作是这种流水线式的方法创作出来的。

安特卫普市政厅

安特卫普市政厅是低地国家中最悠久的文艺复兴式建筑之一，它是由Cornelis Floris de Vriedt设计，于1564年建成的。

安特卫普市最初是想建成一座哥特式市政厅的，因经费问题耽搁了很多年，当经费问题解决以后，时尚已改变，文艺复兴式已成流行风格。所以它是在佛拉芒和意大利文艺复兴风格双重影响下建成的。底层是带拱顶的粗石料建造，有45个门，这是为了容纳小商铺，商铺所付租金用来支付建筑费用。小店铺之上二层和三层是有大竖窗棂的窗子，用陶立克式和爱奥尼克式立柱将这些窗子分隔开。第四层是一个开放式画廊。建筑的中间部分象征公正、谨慎和圣母的女性雕像，还有西班牙国王菲利普二世、布拉邦公爵和安特卫普Markgrave的族徽。

格罗恩普拉茨

格罗恩普拉茨

安特卫普城中心的广场是这个城市最漂亮的广场，但是最为民众喜爱的广场则是格罗恩普拉茨，这是佛拉芒语“绿色广场”的意思。这个广场原来是个停车场，但不久以前停车场转入地下，绿色广场很快就恢复了原先的魅力。广场每天午后都热闹非凡，人们喜欢在午后温暖的阳光下一边啜饮啤酒，一边谈天说地。广场的主体建筑是圣母大教堂，中世纪式教堂的墓地就在这个地方。教堂四周有许多餐馆和咖啡馆，不少艺术家喜欢光顾这里，也许这里的氛围能激发他们的灵感吧。广场的中央矗立着鲁本斯的雕像，这是1843年雕塑家吉福斯(Geefs)的作品。广场的33号是个外观很漂亮又很有名的文艺复兴式风格的建筑，它是以前的宝石屋，它的名字叫“Karbonkelbuis”，这名字是房子底层的钻石装饰的名称。广场右侧的主要建筑是19世纪建起来的希尔顿饭店，原来是比利时有名的“大卖场”(Grand Bazar)。希尔顿饭店的后面是一条宽敞宜人的购物街。在这个广场也如同在比利时其他城市一样，不乏各种不同风格的建筑之间的对比，例如哥特式教堂和20世纪的信贷银行大厦的塔楼相对而立，略显不协调。这座大厦建于1930年，90米高，是欧洲第一座摩天大楼，安特卫普人把它叫做Boerentoren，意思是“农夫大厦”，因为在20世纪上半叶农夫是这家银行的主要客户。

购物街迈尔

迈尔是安特卫普市中心区的购物中心，它是连接市政厅和中央车站的一条步行街，也是低地国家地价最昂贵的购物街，租金在比利时是最高的，每平方米一年1700欧元。从圣母大教堂到中央火车站，有几幢历史建筑。85号是一座洛可可式建筑叫Osterrieth-house，现在是Paribas比利时银行大楼，藏有比利时名画。50号过去是比利时国王在安特卫普的住所，大约建于1745年，现在是电影博物馆，这是巴洛克艺术最后阶段洛可可风格的一个经典样品。迈尔大街的中段，有一条横街叫Wapper。鲁本斯故居即坐落于此。

皇家歌剧院

歌剧院是在原皇家铸币局旧址上成立的，所以它的名字叫皇家铸币局歌剧院，是由联邦政府资助的极少数歌剧院之一。在过去几十年里皇家铸币局歌剧院在院长吉拉德·莫蒂埃、贝尔纳·福克鲁尔和音乐指导安东尼奥·帕帕诺的努力下，重新获得了欧洲领先的歌剧院之一的名声。

今天的歌剧院建筑已几经改造扩建。它建成于1818年，1856和1986年进行了两次大的改建。20世纪初增高了一层，1950年代添加了一座舞台，1985年用两年的时间重新修缮，屋顶提高了4米，舞台加宽加深，承重墙用钢梁加固。修缮后，剧院有1700个座位，1986年以演奏贝多芬《第九交响乐》启用。

石头古堡

石头城堡（Het Steen）位于安特卫普的市中心，一进入市中心就可以看到。“Steen”在荷兰语里是石头的意思，被人们用来称呼城堡。它可能修建于13世纪，目的是防止海盗入侵，这是安特卫普的第一个用石头建成的城堡，是安特卫普最古老的建筑，它曾经

购物街迈尔（远处白色建筑为农夫大厦）

修缮过多次，1520年查理五世令建筑师科尔德曼斯和德·委赫马科改建城堡，在入门的拱顶走廊上有一个小礼拜堂，有查理五世的题词。入门处是主管青春和生殖的赛米妮（Semini）女神的浮雕。当地陪同我参观的一位官员说，这个城市的女人想要孩子时，常常来向赛米妮女神求助。安特卫普的居民先前把自己当做赛米妮的孩子。我笑道："这和我们中国许多地方的风俗很相像，我们那里一些地方的妇女要想生孩子，也是去庙里求观世音菩萨，在中国，这位菩萨也是女性，被称为送子娘娘。"这位官员也笑道："看来在人文领域，东西方不少地方是相通的。"由于女神旁还有一个带有男人生殖器的浮雕，17世纪时的耶稣会觉得这个浮雕过于不雅，就把它清除掉了。1986年成立了一个保护石头城堡和赛米妮女神的民间组织，叫"安特卫普赛米妮委员会"，每年在石头城堡举行纪念性的文化活动。

1549—1823年石头城堡曾用做监狱，19世纪时因清理斯海尔德河河道工程的需要，拆除了城堡大部分的房间，余下的建筑改成了考古博物馆，1890年再次修缮，补建了新哥特式一翼，1952年和国家海洋博物馆合并，2011年，整体迁往新建的大型博物馆Museum ana de Stroom。

石头城堡

纺织城根特

根特

根特最早的名字叫“Ganda”，是凯尔特语，意思是“汇流”。因为它的地理位置恰在斯海尔德河和里兹河汇流之处，因而得名。

根特是在公元650年左右由两座教堂的修建而发展起来的，一座是圣彼得教堂，另一座是圣·巴沃教堂。从公元11世纪到13世纪，它成为欧洲仅次于巴黎的大城市，比当时的伦敦和科隆都要大。

根特发展成工商业重镇应该归功于它当时独具优势的资源——一种特殊的水草。这种水草就生长在两河流经的土地上，这些土地季节性地被淹没，当河水退去后，这种水草就慢慢地生长，成为非常适合喂养羊群的饲料。用这种水草喂养的羊群身上剪下的羊毛质地优良，是制造毛织品的上好原料。这种资源优势使根特成为中世纪重要的纺织中心。后来，毛织业迅速发展，本地原料供不应求，还需从英国进口羊毛。但是，英法百年战争（1373—1453）使根特同英国的贸易受到重创。稍后，毛织业衰落，代之而起的是麻纺和棉纺业。1453年，根特人为反对西班牙统治者加征面粉和盐的税收，举行了起义，结果遭到残酷镇压而失败。从这时开始，低地国家的政治和社会重心逐渐从布鲁日和根特转移至安特卫普和布鲁塞尔。

根特

“戴镣人”的故事

公元1500年，查理五世降生在根特。查理五世不仅在比利时的历史上，而且在西班牙和欧洲的历史上都是非常重要的统治者，他后来是西班牙国王，还是圣神罗马帝国的皇帝。然而，生在根特的查理五世却是根特的克星。1539年，根特再次爆发起义，反对西班牙王室对根特的横征暴敛，而当时的西班牙国王正是查理五世。当时整个弗兰德地区（现在的比利时）特别是根特，是国际贸易和工业中心，是西班牙王室主要的收入来源。据说，西班牙从弗兰德地区榨取的财富比它从拉丁美洲殖民地掠夺的财富还要多。因此，根特人，包括上层的贵族、富商到下层普通百姓各个阶层都对西班牙的专制统治强烈不满，参加起义的人是相当广泛的。面对这种情况，查理五世率领西班牙军队无情地镇压了起义。他迫使根特的上层人物赤着脚，身上戴着铁镣从他面前走过。他用这种办法羞辱了根特人，过后，根特人就得了一个绰号，叫“戴镣人”。在这次事件中，圣巴沃这座最古老的教堂被毁，变成西班牙军队的军营。

查理五世

16世纪末和17世纪，由于宗教战争，根特再遭蹂躏。有一段时间，根特曾由新教加尔文教派控制，成立了加尔文共和国，但是最终还是被西班牙军队击败，罗马天主教再度恢复其统治地位。

17世纪和18世纪中大国在欧洲的争夺结束了根特作为国际重要中心城市的地位。

重振纺织业

18世纪和19世纪，纺织业在根特再次繁荣。这是因为根特的纺织业具有深厚的传统，在棉布越来越受欢迎的情况下，一些经营毛纺和麻纺的商人很快转营棉纺业。1770年它开始印染进口的布匹，1780年已有8家印染织布厂。最大的工厂已雇有230名工人。商人们尤其热心引进英国的技术来研制机器。特别是在法国人占领比利时期间，为同英国竞争，法国政府支持根特一个制革工人出身的企业家列文·鲍文斯（Lieven Bauwens）三次从英国走私机器和技术人员。1800年，鲍文斯在卡尔特寺院开办了第一家机器纺纱厂，1806年开始了机器织布，同时有了21座印染厂。1808年有了12家织布厂。1820年开始用蒸汽动力织布机，1830年，大约有16000名工人在纺织业工作，一年的生产量为28万锭棉线，120万匹布，30万件印染布。1827年，连接根特和泰尔纳曾的运河建成，使根特成为海港，这是经济发展的关键因素。整个19世纪，根特持续发展成为佛拉芒地区唯一的大工业城市。

根特人的叛逆性格

根特是最早开始工业化的城市，它自然而然地崇尚自由，因为工业生产天然地要依托贸易自由，无论是获取原料还是出售工业成品，都有赖于贸易的自由和市场的开拓，一旦这种自由受到威胁，无论是面对政治压迫还是经济压榨，它都会愤然而起，向“权力”宣战，为维护自己的利益而英勇顽强地进行战斗。“宁为玉碎，不为瓦全”几乎成了这座城市突出的品格，成为根特人的文化传统。15世纪和16世纪两次起义以

根特

根特

及后来在1830年比利时各地都为争取独立而奋斗时，许多根特人却仍然坚持忠于荷兰王室，这些都充分显示了根特人的这种“叛逆”性格。所以根特在比利时的历史上一向被视为“反叛”的城市。当年被查理五世惩罚时得来的“戴镣人”的称号在今天再也不被看作不敬的称号，相反，它变成人们特别是根特人自己心中的“雅谑”。值得一提的是，正是在这里，社会主义运动蓬勃兴起，欧洲第一个工会组织也是在这里诞生。看来，这个现象不是偶然的，显然是历史塑造的根特人性格的一种反映。1913年，根特成功举办了世界博览会，为自己赢得了声誉。

闻名遐迩的根特鲜花

根特还是一个花城，这里的种花人以擅长种植秋海棠和杜鹃花闻名，每年都有大量漂亮的秋海棠和杜鹃花出口到世界各地，每五年在根特举办一次大型花展，吸引成千上万的游客来此

花城根特

欣赏和观光美景，此时城内的风光令人眼花缭乱，满城的花团锦簇使人目不暇接。布鲁塞尔每两年一次的夏季，把大广场用鲜花铺成巨大的花毯，那是最为赏心乐事的胜景。那些鲜花都是根特生产的，这也是根特人引以为傲的事情。

圣巴沃教堂

圣巴沃教堂是一座非常著名的教堂，它和圣彼得教堂是根特城最早的两座建筑，根特城就是由这两座教堂逐渐发展起来的。圣巴沃教堂是在一个小礼拜堂的原址上修建的，它供奉这座贸易商城最老的守护神洗礼者圣约翰。1274年，蕾丝富商们在小礼拜堂的原址修建了圣巴沃教堂。它最初是按照罗曼风格建造的。后来按照哥特式风格予以改建。1500年，查理五世在这座教堂受洗，当时教堂改建工程尚未竣工，实际上直到查理五世去世，教堂改建也未完工。教堂的塔楼是1462年奠基的，1569年才最后建成。1550年，查理五世曾捐资为教堂的高大窗子安装彩色玻璃。圣巴沃教堂的塔楼有444级阶梯，登上塔楼可以饱览根特城全景。

我们今天看到的圣巴沃教堂是哥特式建筑的杰作，它也是一座艺术精品博物馆：教堂内高高的祭坛是18世纪初的作品，它以黑色、白色和红色大理

圣巴沃大教堂

石及镀金的橡木作装饰材料，圣坛上立有安敦·特里斯特（Antoon Triest）的塑像，他是1621—1657年根特的主教，也是教堂主要的捐资人之一。布道坛是劳伦特·戴尔瓦克斯（Laurent Delvaux）于1745年完成的洛可可式艺术品；鲁本斯的作品《圣巴沃皈依》；题词说“胡·凡·埃克是无与伦比的画家，开始创作这幅祭坛画。”而他的弟弟扬·凡·埃克则自称仅次于他的哥哥。他于1432年完成了这部作品。这幅作品原来有很漂亮的外包装饰物，同教堂的彩绘窗格形成相得益彰的效果，但在宗教改革运动中被毁。据说，此画外层

《神秘的羔羊》

根特主教墓地，等等。最知名的画作则是胡·凡·埃克和扬·凡·埃克兄弟的《神秘的羔羊》祭坛画。这是一幅画在木板上分成上下两级可以左右开合的大型祭坛画，全画共分24幅，题材来自圣经故事。作者使用新的油画技术，色彩鲜丽，被认为是欧洲油画史上开山之作。此画最初是由哥哥胡·凡·埃克开始创作的，但它于1426年去世，弟弟杨·凡·埃克继续完成了画作。此画代表了一种新的艺术观念，将中世纪理想主义传统让位于对自然界的细微观察与描绘。据说，原来作品的框架上写有木板的开合是机械操纵的，它甚至可以奏出乐曲。

关于这幅画还有一段曲折的故事。这幅画的左下方一块叫做“正义的法官（The just Judges）”的画板于1934年4月10日被盗，之后，根特大主教收到窃贼以一百万比郎赎回画板的要求，大主教未予理会。11月25日，窃贼病危，临终时披露他是唯一知道此画藏在何处的人，他要把这个秘密带到坟墓去。虽然有些人宣称他们知道此画的去向，但此画始终没有再现人间。现在在失窃画的位置上安放了

一幅临摹画，是1945年由临摹画家Jef Vanderveken所作。1956年法国著名作家Albert Camus出版一部小说《堕落》(The Fall)，把这幅画作为一个突出的象征写进了他的小说，小说主人公宣称他发现了此画在“墨西哥城”的一个酒吧里。作者描写了他掌握的这个秘密是如何让他感到心理纠结的。2010年荷兰记者Karl Harmmer出版了一本书《神圣的画板的秘密》，他非常细致地描绘了一些宗教集团如梵蒂冈和英国情报机构，如何为找回失去的画板而进行努力。

圣巴沃教堂内部

命运多舛的祭坛画

祭坛画的一些画板曾在1816年被柏林的一位英国收藏家Edward Solly收购。1821年又被腓德烈三世收购，收藏在德国。第一次世界大战时，余下的画板被德国掠去，一战结束后，根据《凡尔赛条约》，德国归还了抢去的画板以及当年Solly合法购买的画板，作为对德国在战争期间其他“毁灭性行为”的赔偿。德国人对失去这些画板忿忿不平，1940年与德国冲突再起，比利时决定将整个画板运往梵蒂冈以保证安全。运画途中抵达法国南部时，意大利宣布与德国结成轴心。于是，德、法、比三国达成协议，此画在战争期间暂存法国Pau市博物馆。

1942年，希特勒命令将此画存在巴伐利亚城堡。后来在盟军轰炸德军使城堡处于危险时，画作被

根特祭坛画

移往一座盐矿收藏。比利时和法国曾经抗议德国的掠夺行径，德国军队的艺术品保护机构的头子也曾表示不同意这种劫掠，他也因此被解职。

祭坛画在战后由美国归还了比利时并举行了回归仪式，仪式在布鲁塞尔皇宫由王室主持，17块画板立在会场面向媒体。仪式没有邀请法国官员出席，因为当年法国维奇政府允许德国将画板运至德国。

一位艺术史学家写道："这是历史上被盗最频繁的艺术品，600年间13次被盗，其中6次是不同的窃贼。"他还说，从来没有一件画作具有这样大的影响。

根特钟楼

根特钟楼是中世纪根特城三大塔楼之一，另外两个就是圣巴沃大教堂和圣尼科拉斯教堂。钟楼高91米，它不仅仅是报时钟，而且是瞭望塔和警戒信号发射塔。它于1313年开始修建，由石匠大师哈尔斯特设计，他的设计方案现仍保存在博物馆中。由于不断的战争、天灾和政治动乱，这个建筑直到1380年才完工。钟楼最上边的部分曾多次重建，一个重要原因是不断有新的钟铃送到钟楼。按照传统做法，楼顶要安放一个飞龙，根特钟楼楼顶安放的是一个镀金的飞龙，是从布鲁日运来的。钟楼上最早的钟叫罗兰（Roland）是用来预警敌人来犯或庆祝战斗胜利的。罗兰几乎成为比利时人民的一员，它是爱国者，是英雄，是反对邪恶当局的战斗的领袖。神圣罗马帝国皇帝查理五世在统治比利时之后曾下令搬走罗兰。

钟楼

伯爵城堡

格雷文斯廷（Gravensteen）是中世纪所建的城堡，名为伯爵城堡，是阿尔萨斯伯爵菲利普于1180年所建，是他参加第二次十字军东征时照途中见到的城堡的样子仿造而成。这里原有一个建于9世纪的砖木结构的城堡，是佛兰德斯伯爵们的坐镇之地。最早的历史记录是9世纪时，鲍德温伯爵领导保护这一地区免受海盗的蹂躏，11世纪晚期，罗伯特伯爵修建了一个石头房子，有33米长19米宽，墙体足有2米厚。14世纪时伯爵们放弃了这个城堡，先后用作法庭和监狱，后来逐渐衰朽。由于疏于管理，出现了乱建房屋的现象，一段时间还变成了一个工厂。

伯爵城堡内部

1885年根特市购下了城堡，开始了维修工程，乱建的房屋被迁走，墙体和城堡主塔恢复到1180年的原样。

参观此城堡很便利，处处有标志，引导你走最佳路线，标志有法、德、荷、英各种文字，每到一处都会有清晰的说明。第一间房是个大厅，叫骑士

夜色中的伯爵城堡

厅。你看到的墙面是当年所用石料，它们至少有900年了。菲利普重修城堡时把地基提高了，原地基处现在是地窖。罗伯特的房子地面和里尔河的水面高度一样，这可以防止敌人在墙体下挖掘地道。这间房是伯爵用来开会或签署条约的地方。这座城堡名曰伯爵城堡，但他们从不在此过夜，因为在他们的辖区有许多城堡，他们总是要去最感兴趣的地方。1407—1778年，这里是弗兰德斯最高司法部门所在地，在这里可以看到断头台，断头台的大刀是原物，其他都是复制品。我在访问根特到这里参观时曾问导游："断头台是法国人吉洛廷（Joseph Igrace Guilotin）在1789年法国大革命时发明的，怎么这里用得这么早？"导游回答说："这个问题问得好，已经有不少人问过这个问题。是的，断头台的确是法国人吉洛廷发明的，但他实际上是个改良者，因为大刀下落的类似刑具从12世纪就已经出现，吉洛廷只不过进一步发展了这种刑具。"这里还有一个兵器展览室，展示各种武器和盔甲。在地下室，可以看到许多折磨犯人的刑具。金属镣铐是最普遍使用的刑具，将它套在犯人的脖子上，两端拴在墙上，金属圈里侧是尖钉环绕，使犯人不能动弹，也无法睡觉。城堡后部有一个厨房，还有一个地下仓库。

圣·尼科拉斯教堂

圣·尼科拉斯教堂（the Saint Nicholas Curch）是根特最老的教堂

圣尼可拉斯教堂

圣尼可拉斯教堂

之一，它是在1220–1250年间，在一个被焚毁的老教堂原址上修建起来的，这就是我们现在看到的教堂的模样。这个教堂的风格是所谓“斯莱尔德哥特式”教堂建筑。它和稍晚些时的布拉邦哥特式是不同的，其主要区别是圣·尼科拉斯教堂使用了图尔奈地区的蓝灰色石材。在斯莱尔德河岸边的图尔奈地区盛产此种石材，这种石材可以沿斯莱尔德河运往其他城市，根特即是其中之一。另一个区别是主塔楼建在教堂主体屋顶中心部位之上，和通常的建于教堂西端入门处的上方是不同的。

教堂是根特强大的富商们所建，他们就在附近的码头上做生意，圣·尼科拉斯是这些富商们的保护神。教堂在14世纪进行了扩建以防止塔楼坍塌。在钟楼建成以前，教堂塔楼一直当作钟楼使用，还用作瞭望塔。

1566年，在毁圣像运动中，一群新教教徒毁掉了教堂所有的哥特式装饰，因为他们不再相信向雕像和画像祈祷这样的事情。在低地国家许多教堂都经历了这样的命运。在法国大革命期间圣·尼科拉斯教堂曾被作为马厩使用。19世纪这个教堂才开始修复，当时它简直就是个废墟，没有人知道它原来是什么样子。现在教堂仍在继续重修，但它仍在根特最佳景点之列。

古韵犹存的布鲁日

中国元代词人马致远曾有一首脍炙人口的小令《天净沙》，其中一句是“小桥、流水、人家”。将三种物事叠放在一起，营造了一种美妙的意境。笔者游览布鲁日的印象用这个诗句来形容也十分贴切，尽管是异国风情，但意境是相似的。

布鲁日是比利时西北部濒临北海的一座美丽城市。它以其环绕全城的潺潺流水、河流两岸古老的哥特式民居建筑、市区中洋溢的中世纪古城风韵赢得了“北方威尼斯”的美名。但是，以水为城市灵气之源的这两个城市，其“水”的状况是很不相同的。威尼斯建在环礁湖的群岛上。布鲁日则位于较远的内陆上，至少在公元前5个世纪，佛兰德斯海岸一定被北海淹没过好多次。当潮水退去后，就出现了不同的海湾，船只由海湾到达现在的布鲁日所在地区要通过运河，布鲁日的运河围城而建，密如蛛网，并且不断地扩展，以便能使大型贸易船只到达市区。在12世纪，货物大多先停泊在外港达姆（Damme）和斯鲁伊斯(Sluis)两个中世纪小镇。这两个小镇今天仍然存在。在布鲁日整个黄金时代，河流和运河不断地得到疏浚。在城里，莱伊（Reie）河被引入运河系统，这使商人们可以把他们的产品直接运到位于市场广场上的“水厅”中进行储存和销售。水厅现在已经不存在了，如今这里已是新哥特式的地方法院。

在船只通过达姆港后，即进入布鲁日的入口大门之一Dempoort，在去中心市区的路上，顺着运河会经过几个船只停泊的地方，在一个叫斯皮诺拉瑞(Spinolarei)的地方可以看到一幢叫玻特洛格（Poorterloge）的建筑，这是富人们和大人物聚会的地方。这里经常举行音乐会、宴会及其他庆典活动。这幢建筑前是扬·凡·埃克广场，广场上立有这位佛拉芒伟大画家的塑像。他在布

北方威尼斯

布鲁日的小桥流水

外港达姆小镇

临河人家

城市的风貌，成为旅游者向往和追寻的旅游胜地，这又是好事，可谓"失之东隅，收之桑榆"。19世纪末，布鲁日开始大规模疏浚港口，20世纪初，接连外港泽布吕赫的运河通航，布鲁日重新恢复了活力，现在它是文化名城、旅游中心和机械、纺织等工业的重镇。

鲁日生活，后来在这里逝世。在去市场广场的路上，船只最后要经过一个巨大的中世纪的起重机，这是用来从船上装卸货物的，是布鲁日当年作为欧洲贸易大港的见证。现在在布鲁日的运河上已不再有商船行驶，只有旅游船只，一共有5户人家被允许经营旅游船，每家有4条船。

"布鲁日"在佛拉芒语中是"桥"的意思，由流经室内的莱伊河上的一座古罗马桥而得名。它最初建城于7—9世纪，由一个小城堡发展起来的，这个小城堡是弗兰德斯伯爵修建的。13—14世纪，布鲁日成为欧洲最重要的贸易港口之一。勃艮第公爵在此建官邸后更使它发展为艺术中心。进入15世纪后，由于连接布鲁日与北海的水路因淤泥而阻塞，布鲁日的地位下降，安特卫普起而代之。应该说，辉煌不再，对布鲁日来说不是什么好事，但是，经济强势的失去却使它在很大程度上保存了中世纪

布鲁日圣母大教堂

当你抵近布鲁日时，你可以看到城里最高的建筑——圣母大教堂塔楼，尽管从宗教意义上说，这个教堂不是最重要的教堂，但它吸引了众多的参观者，其原因在于它的艺术价值，因为这里不但具有突出的中世纪建筑的特点，而且收藏了一些无价的艺术珍品。

这座教堂建于13世纪，教堂的塔楼高达122米，是欧洲现存的最高砖木

Tips

教堂"镇堂之宝"

教堂右翼的礼拜堂中藏有一件稀世的艺术珍品，这就是米开朗基罗的大理石雕塑《圣母与圣子》，是布鲁日一位商人购得于1516年赠予教堂的。这座精美绝伦的大理石雕像是低地国家中唯一一件米氏作品，也是米开朗基罗在世时唯一一件离开意大利本土的作品，是教堂镇堂之宝。

结构的教堂。建筑风格是多样的，教堂外观是哥特式，但内部的装修和陈设则采用了巴洛克风格，甚至在18世纪，又加进了更多现代的元素。

米开朗基罗作品《圣母与圣子》

16世纪中期八十年战争期间，欧洲出现了反圣像崇拜运动，新教兴起，天主教堂遭到严重破坏，圣母大教堂亦未能幸免。17世纪教堂重新修复，祭坛、忏悔室和布道坛都是巴洛克式，但整体风格仍保持了哥特式。教堂规模宏大，雕塑众多，层层叠叠，难以数计，教堂的巨大窗子装饰着彩色玻璃，阳光照射下，使人感到如临天堂圣殿。教堂的圣坛大厅存放着勃艮第公爵"大胆查理"及其女儿玛丽的灵柩。玛丽女公爵在15世纪末统治低地国家，因在布鲁日郊外打猎时摔下马来而受伤，于1482年逝世，她的父亲大胆查理殁于法国的南锡。1550年查理的遗骸运到布鲁日，安葬于其女玛丽棺椁之旁，玛丽墓前的装饰是晚期哥特式风格，查理墓前的装饰则是早期文艺复兴式风格。墓前有三连板画，为Barend van Orley所作。

圣母大教堂

布鲁日的圣血游行活动

这是布鲁日为纪念耶稣升天举行的宗教节庆活动，是布鲁日独有的，起源可以追溯到中世纪。此项活动在复活节的第四天，主要的仪式是教徒人群集会游行，游行队伍的中心是圣血，即一件凝结了的遗物在这一天据说要变成液体。圣血保存在圣血礼拜堂，它位于城市（Burg）广场，是个小型长方形礼拜堂，分上下两层，实际是两个礼拜堂，圣血存放在上层礼拜堂，这是在16世纪按哥特式风格重修的，19世纪又多次重修。据称，圣血是由约瑟夫·阿瑞麦西亚收集的，而由佛兰德斯伯爵阿尔萨斯希尔瑞从耶路撒冷带回的。每年的游行活动大约有1600人参加，很多人穿着中世纪的服装。游行队伍中有唱诗

圣血礼拜堂

班、舞蹈队、马拉彩车，也有各种动物，还配有小型剧团，所有这些在游行时表演历史场景和圣经故事。这一活动被称为布鲁日最漂亮的一天。观看活动的人群众多，许多主教、神父和修女从世界各地赶来参加这项活动。当圣血经过人群面前时，人们鸦雀无声，表现出敬畏的感情。在笔者看来，这个活动已不仅仅是宗教活动，它显示了人们以一种怀旧的心理对传统文化诉求的情结，现实与传统之间总是存在着千丝万缕的联系，所谓“剪不断，理还乱”，正是对这种情结最恰当的的描述。这个活动已被列入联合国教科文组织非物质文化遗产保护名单。

布鲁日钟楼

布鲁日钟楼建于1240年，位于老城中心的市场广场，是布鲁日最突出的象征。钟楼原来收藏有珍宝和地方档案。它最初作为观察瞭望之用，防止火灾和其他危险。钟楼有366级狭窄的楼梯，直达83米高的顶端，塔楼向东略有倾斜。钟楼的两边和背面是以前的市场大厦，是个长方形建筑，44米宽，84米长，中间是庭院。

钟楼于1280年失火，城市档案尽毁。火灾之后才建起塔楼。1483–1487年加建了八边形上层，并加盖了木质的塔尖，塔尖上有圣·米切尔的形象，一只手持旗，脚踏一条巨龙。塔尖存在的时间不长，1493年的一次雷击使其化为灰烬，置于其中的响铃亦同时被焚毁。后来一个新的木质塔尖再次加盖于塔顶，可惜两年半后再次焚毁。从此塔顶再没有重修。所以现在的建筑高度低于过去。著名诗人亨利·沃兹沃斯·朗费罗(Henry Wadsworth Longfellow)曾赋诗云：

在布鲁日的城市广场屹立着
棕色的老钟楼，
三次毁灭，
三次重修，
它依然守望着布鲁日城。

16世纪，塔楼安装了一架钟琴，可

Tips

钟楼的钟铃

钟楼在1675年时有35个钟铃，由安特卫普一个技师制造。1741年大火后，另一位匠人造了一套钟铃，其中26只至今仍在使用。19世纪末有48只钟铃，今天总共有47只，总重量为27.5吨。每个钟铃的大小重量是不同的，因此，声音是不一样的，功能也不同，它们在不同的情境下演奏着不同的动听音乐。

布鲁日钟楼

以手拨键盘敲响钟铃。钟铃规范着市民的生活，通报时间和各种社会、政治、宗教事务。从1533年开始，专门雇有敲钟人在周日、节假日、集市日敲击音乐，平时钟铃定时报时。500年来有25个人在这里工作过，敲钟人一代接一代不曾中断。钟楼上有一张敲钟人谱系表，记录着每一位敲钟人的姓名和工作的时段，最长者37年，最短者2年。工作十几年二十几年的占多数。这使我不禁感慨系之，在如今这个喧闹的、快节奏的、信息化的社会里，能坚守这一份简单孤独的工作，得需要多么大的动力和定力？布鲁日的居民坚持这个古老的传统文化象征令人欣慰，淳朴的古风在世界的一些角落依旧存在，人们懂得，尊重优良传统是社会得以前进的前提之一。

爱湖（Minnewater）

对大多数参观者来说，爱湖和它可爱的公园是美丽布鲁日的入口处。Minnewater是个运河湖，“Minne”是

爱湖

爱湖天鹅

荷兰语“爱”的意思。从运河的桥上能欣赏到美轮美奂的小城景观，运河湖周围宜人的环境氛围，使人禁不住产生浪漫的联想，所以人们把这个湖命名为“爱湖”。实际上，此湖原来并无浪漫可言，莱伊河从这里进入城里，后来也就运河化了，一直到市中心。爱湖实际上是起水库的作用，使运河水面保持一定的高度。爱湖旁是爱湖公园，夏季常在此举办摇滚音乐会。

布鲁日的象征之一是天鹅，在爱湖常有大批天鹅栖息。1998年我陪同李岚清副总理访问布鲁日时，一位比利时外交部的朋友告诉我一则关于布鲁日天鹅的有趣传说：在1488年，布鲁日人民处死了一个市政官员，他是奥地利马克西米连朝廷——勃艮第女大公的丈夫和继承人任命的。这个行政官名叫Pieter Lanchals，这个名字的意思是“长脖子”，他的家族的族徽是一只白天鹅。传说在这个行政官死后，马克西米连下令城里的居民必须在湖上和运河上永远豢养天鹅，以此表示对布鲁日的惩罚。这个传说既幽默又浪漫，惩罚成了奖赏，与马克西米连的初衷大相径庭。无论对这个传说是相信还是不相信，人们都会认为，美丽的爱湖正是尊贵的天鹅理想的栖息场所。

硕果仅存的女修道院

在爱湖的后面，有一个著名的女修道院（the Beguinage）。这里是布鲁日的幽静去处之一，同市中心的喧闹形成鲜明的对比。这是环绕一座小花园的一组房屋，小花园长满了杨树。在过去七个世纪中，这里生活着布鲁日的女修士。这是13世纪出现的一个特殊宗教信仰群体，这个群体的人对纯粹精神性的宗教形式更感兴趣，注重的是内心的修炼，不注重外在的形式，这颇有点像佛教的禅宗。这些人不被教会当局接受，经常遭到惩戒。但是，在低

修道院内部

女修道院

地国家属于这个群体的女性受到宽容对待，她们被允许生活在远离世尘的地方，于是，专门为这些女性修道的地方就应运而生，这就是Beguinage的来源，这种女修道院在比利时北方最多，在其他地方似乎已经绝迹。

布鲁日女修道院于1245年由佛兰德斯女伯爵、鲍德温伯爵的女儿玛格丽特所创建。1299年，法国国王美男子菲利普（Philip the beautiful of France）将女修道院置于他自己的统治之下，这样就使其摆脱了地方行政官的影响。

游客可以通过运河上的一座桥到达这里，入口的大门上写着“1776”，实际上很多房屋的建造远远早于这个年代，大多建于17、18世纪，有些新哥特式风格的建于19世纪。在院的南边有个小的死巷，那里有些15、16世纪的房屋。花园后边左侧角落处是修道院的管理人老奶奶（grand-dame）居住的地方。

耶路撒冷教堂

耶路撒冷教堂是一座私人拥有的教堂，它的所有者是商人阿多恩斯（Adornes）家族。阿多恩斯是13世纪从意大利的热那亚（Genoa）来到布鲁日的。家族后人至今拥有这座教堂。教堂在数百年间几乎完全保持了原来的风格不变。据说，最早是这个家族的一位成员于14世纪建了一座小教堂，后来加以扩展并重建，最后于1470年才竣工。家族成员曾参观过耶路撒冷的圣墓，于是照猫画虎复制了这个教堂，因此取名耶路撒冷教堂。教堂内有一个中殿和一个更高的诵经堂，中间部分是安塞姆·阿多恩斯（Anselm Adornes）和其妻子万

耶路撒冷教堂

德·邦克（Vander Banck）坟墓。圣坛的后面是一个小空间，这里是虚拟的耶稣墓地。教堂的装饰十分考究，装有彩色玻璃，至今仍然令人感到不同寻常。

伯格广场

布鲁日有两个广场，大一点的是市场广场，是中世纪布鲁日的商业中心；另一个广场叫“Berg”，就是“城”的意思，这是布鲁日的行政中心。正是在这里，鲍德温一世伯爵修建了一座城堡，抵御诺曼人和海盗的入侵。城堡和主要的宗教建筑圣·多纳丘斯教堂（St. Donatius Church）早已消失。教堂遗址现在是诵经堂重建部分的一段墙壁。教堂的一些艺术珍宝被移送到其他教堂，如圣·萨尔瓦托教堂。有几个名人下葬在这个教堂，他们是：英国公主Gunhild(1087)，佛拉芒著名画家扬·凡·埃克(1441)，西班牙哲学家比维斯（1540）。伯格广场是欧洲不同风格建筑的橱窗，广场上矗立的市政厅是1376年修建的哥特式建筑，是低地国家中最雄伟的市政厅之一，市政厅旁边是文艺复兴式的老民政处，在它的旁边是新古典主义的前法院，现在是旅游信息中心。广场左侧是原圣·多纳丘斯教堂教长的宅邸，是一幢巴洛克风格建筑，后来成为布鲁日主教宫的一部分。

伯格广场和市政厅

钻石博物馆

布鲁日钻石馆

笔者在布鲁塞尔任职时只听说过安特卫普是全世界有名的钻石城，也听说过阿姆斯特丹在钻石加工上同样有名，但是最近重访比利时才知道钻石加工和交易的“老资格”是布鲁日。

早在1370年钻石交易就在布鲁日出现，这毫无疑义早于安特卫普和阿姆斯特丹，后来在15世纪中叶，出现了一位技术精湛的钻石加工工匠洛德维科·万·伯昆把技术发展到炉火纯青的地步，对钻石加工技术做出了卓越贡献。后来随着安特卫普的崛起，钻石业中心转移至那里并得到进一步发展。布鲁日钻石坊建于1518年，位于布鲁日市中心一座著名的建筑中。这里有传统的上乘质量和现代化设计的钻石产品。有兴趣的游客在欣赏过安特卫普的钻石的同时不妨到布鲁日来参观一下钻石坊，在这里你也许会有不同的感受。

格罗宁博物馆

只凭格罗宁博物馆（Groeninge Museum）藏品之丰、珍品之富就值得到布鲁日一游。它的收藏从15世纪一直到当代，全面展现了数百年来佛兰德斯的绘画演变的历史。当然，最吸引人的是早期那些艺术大师们的作品，其中包括扬·凡·埃克、汉斯·麦姆林、皮特鲁斯·克里斯特斯、雨果·凡·果兹、杰拉德·戴维、罗杰·凡·德·韦登、哈伊洛尼勃斯·博斯等人的作品。

格罗宁博物馆

布鲁日的海边旅游

从De Panne到Knokke绵延66公里的海岸线是主要的旅游景点。沿海岸线设置了自然保护区，在那里可以看到原始的自然景色。过去皇室度夏常常去奥斯坦德开始海边假期。利奥波德一世即位时与王后路易斯·玛丽在奥斯坦德度夏，为皇室的旅游方式开了先例。1897年，利奥波德二世则进一步

斯坦德码头度假区

发扬光大，修建了沿海往返的电车以方便旅游。

今天仍在行驶的Kusttram就是利奥波德时代电车的后代，旅游者可以乘车在两个小时以内游遍沿海。1936年比利时工人获得休假权，加上生活水平的提高，去海边旅游的普通百姓逐渐增多，旅游业也越来越兴旺，海滨的环境也跟着改变了，水泥、玻璃、钢铁开始主导了休闲场地。游乐场所成为社会活动的中心，舞会和娱乐节目终年不断。今天，奥斯坦德码头是许多学校旅游和青少年戏耍的的地方。这种情景也是吸引游客的胜景。

这里还有一种带有地方特色的民间风俗，就是用强壮的布拉邦马拖网捕虾，你在海边浅水滩上可以看到这种景象，现在这也是旅游产品。捕获的虾现捕现卖，也有当场烹调出售的，游客可以尝鲜，一饱口福。

这里设有国家渔业博物馆（Oostduinkerke），你可以了解更多有关捕鱼的历史。比较令人印象深刻的是，这里讲述了在德国人占领期间渔民的艰难生活。每只船都被要求载上两名德国士兵，再加上持续不断的地雷和炸弹的威胁，使得许多渔民离开家乡去英国谋生，或者走上战场。

旅行到De Haans，你将发现沿海一块未开垦的处女地，那里有许多哥特式、诺曼底式的乡间别墅，组成一个个的村落，洋溢着迷人的19世纪风情。爱因斯坦1933年应比利时王室邀请曾在此住过半年。当时纳粹崛起，他成为难民。De Haans的街巷曲折幽静，是散步的好地方。

文化古城梅赫伦

在布鲁塞尔和安特卫普的工业走廊上有一座城市叫梅赫伦(Mechelen)。它距离布鲁塞尔和安特卫普都是25公里左右,与这两个大城市以及根特、布鲁日、鲁汶齐名,都是重要的文化艺术名城。梅赫伦在布鲁塞尔之前还一度做过低地国家的首都。梅赫伦在北方文艺复兴时期是艺术生产的中心,这里有几位著名的艺术活动的赞助人,如约克的玛格丽特(Margaret of York)(勃艮第女公爵、大胆查理的第三位夫人、英王爱德华四世和理查德三世的妹妹)和奥地利的玛格丽特(Margaret of Austria)(奥地利公主和萨沃伊女公爵、曾任哈布斯堡尼德兰总督)。她们吸引了众多的画家、出版家和作曲家来到梅赫伦。

圣·拉伯姆兹教堂

梅赫伦最著名的景点是圣·拉姆伯兹教堂(St.Rumbold Cathedral)。圣·拉姆伯兹是爱尔兰传教士,这座教堂就是以他的名字命名的。他曾在这座教堂附近建了一个修道院。他大约生活在6世纪末7世纪中期,但传统的说法在8世纪。他的遗骸存放在圣·拉姆伯兹教堂的后殿的唱经堂中。1985年教皇约翰·保罗二世曾在这个教堂做过弥撒。圣·拉姆伯兹教堂1200年之后不久开始修建,这是比利时主要的宗教建筑,比利时枢机主教的座堂就在这里,教堂内有以前的枢机主教的墓地,其中有著名的枢机主教默西亚(Cardinal Mercier)。教堂于1312年完成第一阶段的工程,交付使用。1324年修建了加固教堂外墙的扶壁并改造了唱经堂,这样就突显了布拉邦哥特式风格和法国哥特式风格的区别。

1342年城里发生大火,殃及圣·拉姆伯兹教堂,教堂进行重修,到1375年工程主持人多伊西去世时,教堂哥特式风格已成型。进入第二期工程,他的继任者完成了中殿和唱经堂的拱顶。

最后一期工程是1452—1520年进行的,这期工程得到了信众和市政当局的赞助。按照设计,塔楼高达167米,这是任何教堂从未有过的高度,即

圣·拉伯姆兹教堂内景

使到19世纪最高的教堂也才161米。1454年主要建筑师凯尔德曼斯对现在位于荷兰的一座教堂的担心影响了圣·拉姆伯兹教堂的塔楼修建。16世纪这两个塔楼的上部都被放弃了，当然，主要原因并非技术问题，而是恰好资金拮据。本来圣·拉姆伯兹教堂的塔尖设计为高77米，后来只盖了7米，所以它的外形很特别。塔楼总高度97.28米，中殿有94米长、12米宽、27米高，514级台阶，每年有成千上万的旅游者来此参观，追寻着路易十五、拿破仑和阿尔伯特一世的足迹登上这座塔楼。东边的耳堂建于1217年，西边耳堂的廊柱建于1230年。中殿建于13世纪中期，唱经堂建于14、15世纪，塔楼始建于1452年，但后来因16世纪的宗教战争而中止。

教堂内藏有安敦·凡·迪克的画作《钉死在十字架的耶稣》(The Crucified Christ)(在右耳堂的祭坛)，还有由卢卡斯·法伊赫伯(Lucas Fayd'herbe)用彩色大理石制作成的主圣坛，从17世纪起，十二使徒的雕像和四个福音传道者的雕像装饰着中殿的立柱。漂亮的木雕布道坛是1721年凡·德·沃尔特(Van der Voort)的作品。2005年，工程师计算出地面和塔楼承重

拉姆伯斯教堂

能力后，已经有一种意见：按原设计完成塔尖的建造工程。

圣·拉姆伯兹教堂的功能很多，几个世纪以来，教堂收藏了梅赫伦城的文献，它还用作瞭望塔，也能对火情发出警报。教堂里原来有一架钟琴，配有49个钟铃，每个钟铃都有自己的名字，其中比较著名的有萨尔瓦托（Salvator），重8884公斤；吉苏斯（Jehsus），造于1460年；解放（Liberation），1947年造的新钟玲。在这架钟琴的上方还有第二套钟琴，夏季的时候演奏音乐会。这两套钟琴总重量达80吨以上，总共有98个钟铃。

梅赫伦人的雅号

在比利时，许多城市的居民都有绰号，梅赫伦人也不例外，叫"灭月人"。故事的源头是：有一天夜晚下着薄雾，一个醉汉在回家的路上，突然发现教堂塔楼上火光冲天，惊慌之下大叫"塔楼着火了！塔楼着火了！"睡梦中的梅赫伦人被叫声惊醒，纷纷起来拿着水桶勇敢地跑上教堂的塔楼，一个接一个拼命地传递水桶，试图扑灭一个竖窗后面熊熊燃烧的烈火。一会儿，薄雾散去，云层飞动，月光在云层中闪烁，原来那烈焰是跳动的月光，人们被这奇妙的自然景观开了一

梅赫伦

个玩笑。从此梅赫伦人得到一个绰号:“灭月人”(moon extinguishers)。

梅赫伦人的“遗憾”

笔者在游览梅赫伦的时候,当地一位导游还告诉我一个小故事,她带着满脸遗憾的神情说:伟大的作曲家贝多芬本来应该生在梅赫伦的,一个阴错阳差让他诞生在德国,成为梅赫伦永远的遗憾。我问她这是怎么回事?原来事情是这样的:贝多芬家族是面包师,原来生活在梅赫伦,他的祖父曾在梅赫伦圣拉姆伯兹教堂的歌咏学校学习,他的曾祖父后来作绘画生意背了债,陷入麻烦,不得不带着全家到外地谋生,后来就定居在德国的波恩,这样,贝多芬家族的后两代人即贝多芬的父亲和贝多芬本人都生在德国,于是梅赫伦失去了这份诞生过伟大作曲家的荣耀。这故事听起来颇觉攀扯得有点牵强,但事后一想,又觉得尚可理解,谁不热爱自己的家乡呢?谁不想让自己的家乡增光添彩呢?攀龙附凤,如果是为自己的家乡,或许不伤大雅吧。

贝多芬

大学城鲁汶

鲁汶以大学城而闻名于世，它是著名的鲁汶大学所在地，是布拉邦省的首府，距布鲁塞尔30公里。鲁汶首次出现在历史文献里是在884年。那一年，海盗在第尔河（Dijle）一个要塞周围定居下来，把这个地方叫“Lovon”，这是地方方言的发音，拉丁文叫“Luvanium”。公元891年，他们被这里的卡伦西亚（Carinthia）的阿莫夫（Amulf）打败，此役之后阿莫夫在第尔河的一个小岛上建立了一座新城堡，海盗也从此再未入侵低地国家，阿莫夫被封为鲁汶伯爵。他在早已存在的圣·彼得教堂旁又修建了一个小教堂，并在此处安家，后来它又得到了布鲁塞尔领地。1190年鲁汶伯爵拥有了下洛林公爵（Dukes of Lower Lorraine）或称布拉邦公爵（Duke of Brabant）的头衔，这个头衔使其有权统治现在的比利时中部地区。

从那时起，鲁汶成为重要的行政和商业中心，或多或少成了布拉邦公爵领地的首府，修建了石筑的围城，建起了鱼肉市场、面包市场。纺织品贸易异常活跃，成为鲁汶的财富和繁荣的主要来源。

14世纪，鲁汶的命运发生转折。纺织品贸易的重要性下降，布鲁塞尔的重要性上升，逐渐成为公爵领地的首府。此时布拉邦公爵已经把常住地点迁往布鲁塞尔的库登伯格（Coudenberg）高地。

鲁汶大学的建立

虽然鲁汶在15世纪失去了领导地位，但它见证了许多重大事件。1425年，约翰四世公爵（Duke John IV）建立了鲁汶天主教大学，直到现在，这个大学仍是比利时最重要的大学，也是世界天主教大学的领军者之一。16世纪，这所大学出现了一些重要的人文学家和科学家，使鲁汶大学名扬天下：Erasmus，Mercator，Jansenius，Vesalius和其他一些人物。1439年开始修建市政厅，1468年竣工，世界上最壮丽的哥特式建筑赫然亮相。

从16世纪起，鲁汶像低地国家多数城镇的命运一样，经受了破坏性的宗教

奥皇约瑟夫二世

大学城鲁汶

战争、瘟疫和饥荒，人口下降，工商业活动下滑。更有甚者，在奥地利统治时期，奥皇约瑟夫二世（Emperor Joseph II）将鲁汶大学迁往布鲁塞尔，并下令关闭许多教堂。幸存下来的教堂后来在1794–1804年法国占领比利时期间遭到洗劫。直到1830年比利时独立之后，鲁汶大学才重新恢复其原有的重要地位。

Stella Artois啤酒

18世纪，由于啤酒生产的繁盛，鲁汶变得再次重要起来。著名的啤酒生产企业AB In Bev的旗舰啤酒Stella Artois就是在鲁汶生产的。

20世纪是破坏性最大的时期。第一次世界大战中，市中心包括鲁汶大学图书馆被德国占领军焚毁，成千上万册珍贵的手稿损失净尽。二次世界大战中鲁汶再次遭到轰炸的摧残。战后，大学图书馆重建，作为盟国团结的象征。

直到上个世纪60年代，鲁汶大学一直是双语学校（法语和荷兰语）。1966–1968年间佛拉芒运动要求将大学按语言一分为二，主张相对立的学生示威游行不断。为了结束这一死结问题，比利时政府和学校当局决定把这个大学分成两个，荷兰语部分留在鲁汶，法语部分迁往新校址——布鲁塞尔之南新鲁汶城（Louvain–La–Neuve）。

鲁汶市政厅

鲁汶市政厅坐落在市中心广场上，是鲁汶的地标式建筑，建于1439–1468年间，属于布拉邦晚期哥特式风格，以其超豪华而闻名。人们说它的精工巧作有如编织蕾丝花边。这座建筑被誉为比利时最漂亮的市政厅。市政厅主要有三层，楼的三面都有哥特式带尖角形长窗，从广场上看清晰可见。建筑最上方是一排护栏，护栏后是如同镶嵌在斜面屋顶上的四层窗子。在屋顶的四角筑有

鲁汶市政厅

八角形的塔楼，高耸入云，仿佛要刺破青天。在建筑外立面布满了带有雨篷遮盖的壁龛，里面是一个个的塑像，支撑塑像的托梁都有浮雕，展示《圣经》的场景。壁龛和托梁都是原物，而236座塑像则是近代的作品，时间在1850年后。一层是本城历史上重要的人物，二层是圣徒保护神和象征性人物，三层是各个不同年代的鲁汶伯爵和布拉邦公爵。在正门所在的一面有一个入门楼梯间，正门是两个高大的门洞，门洞上方的左侧是圣·彼得(Saint Peter)，右侧是圣母和圣子(Madonna and Child)，圣·彼得向位于对面的教堂守护神致敬。市政厅内有不少有价值的艺术收藏，还有鲁汶自1794年以来的市长画像。

小雕像范斯克的故事

在鲁汶市中心附近有一个小雕像，名叫范斯克，他的全名是Fons Sapientiae，拉丁文的意思是“智慧之泉”。雕像表现一个大学生一只手拿着

小雕像范斯克

书看，另一只手握着一个瓶子举在头上，瓶子中的“智慧之水”不断地流入他的脑海。这很像布鲁塞尔大广场的小于连，但范斯克象征了大学生刻苦学习成长之源，体现了大学城鲜明的特点。

南怀仁和北京观象台

提到鲁汶大学，我们就会想到一个比利时人南怀仁，他是鲁汶大学出身，却和中国结下了不解之缘，至今我们仍然能看到他留下的历史印记。在北京市西城区车公庄大街北京市行政学院校园内有一块明清以来外国传教士的墓地。其中有一位耶稣会传教士在清顺治和康熙年间来中国传教，并在康熙朝中任钦天监正。这个人就是比利时人南怀仁，可以说，他可能是比利时来到中国的第一人。

南怀仁生于1623年，殁于1688年，原名叫Verbiest Ferdinand，中文名叫南怀仁。他在中国生活了30年，在天文历法的计算方面做出了重要贡献。今天在北京建国门外的古观象台上的六件仪器就是他设计监造的。他还撰写了《灵台仪象志》，说明仪器的制造和使用方法。参加过中俄谈判。康熙平定三藩之乱时，南怀仁奉命督制新式大炮。他以工部侍郎致仕。他去世后，康熙皇帝为他举行了葬礼，并赐谥号“勤敏”，他是历史上死后被赐谥号的唯一一位外国人。北京的古观象台也可以说是纪念他的

一座丰碑，也是中比两国人民交往历史的黎明时期的见证。

南怀仁1623年10月9日生于布鲁塞尔附近的一个叫“彼特姆”(Pittem)的小镇。12岁时进入耶稣会办的学校读书。1640年入鲁汶天主教大学艺术学院学习。鲁汶大学是欧洲最古老的大学之一。他学习的学科很广泛，逻辑学、哲学、数学、天文学、历算学、地理学无不涉猎，所以他在自然科学方面的造诣很深。这为他日后在中国从事的科学创造奠定了坚实的基础。1652年他又到耶稣会罗马学院和西班牙塞维利亚耶稣会继续攻读神学并取得了神学博士学位。

1658年，南怀仁随意大利耶稣会传教士意大利人匡卫国从澳门进入内陆，先是在陕西传教，1660年奉召入京，做当时的钦天监监正德国人汤若望的助手。1665年南怀仁和汤若望同清朝廷内几个保守的官员在历法计算上发生争执，双双被诬陷入狱。历经磨难后，两人

鲁汶大学怀仁厅前复制的北京天文台的清代天文仪器

南怀仁画像

的冤狱在康熙亲政时终获平反。康熙帝是个喜爱科学的人，南怀仁以其天文历法的丰富知识受到康熙帝的信任。1669年，他被授以钦天监监副，后升任监正。他在供职钦天监期间最重要的贡献就是改造观象台。1673年，由他监造的六件铜制大型天文仪器安装在北京观象台上。我们今天在北京古观象台上仍能看到这些仪器。1999年，比利时首相德阿纳访华时，兴致勃勃地登上了北京观象台，以深情的目光注视着，用双手不断地抚摸着这些仪器，感叹着经过300多年的沧桑，这些仪器依然保存良好，抒发着珍惜比中友谊的情怀。值得一提的是，在北京上个世纪70年代初修建地铁一号线时，周恩来总理曾指示，线路设计要绕过观象台，从而使这一文物古迹得到保护至今。还值得一提的是，鲁汶大学为了纪念南怀仁这位伟大的校友，特别建立了南怀仁厅。在南怀仁逝世300周年的时候，中国政府向比利时鲁汶大学南怀仁基金会赠送了“天球仪”的模型，现保存在南怀仁厅前。

笔者在2011年夏天重访比利时时，专程拜访了鲁汶大学南怀仁研究中心，这个中心就设在怀仁厅。在中心我会见了中心主任韩德力先生(Jeroom Heyndrick)。他向我介绍了他们的研究

作者与南怀仁基金会负责人合影

成果，并出示了他们出版的很多书籍和刊物。他们认真的严谨的治学态度让我十分佩服。有一本书是历代到中国传教的比利时传教士名录，搜集到的人有数百名之多，而且记载了每个人的生平。编出这样一本资料翔实的书是需要付出大量辛勤劳动的。

中国的辛德勒——钱秀玲

鲁汶大学培养了一位同中国发生了密切关系的比利时人南怀仁，200多年以后，又从这个学校走出了一位同比利时发生了密切关系的中国人钱秀玲女士。

钱秀玲女士在比利时家喻户晓。这是因为在纳粹德国占领比利时时期，她以一个柔弱女子之身，冒着生命危险，从纳粹盖世太保的枪口下营救出上百名比利时爱国者免遭纳粹毒手，受到比利时人的尊敬和爱戴，被比利时人民赞誉为“巾帼英雄”、“中国的辛德勒”。

钱秀玲女士1912年生人，江苏宜兴新庄镇人。1929年她考入鲁汶大学化学系读书，结识了医学系学生格里高里·佩林西（Grégoire Perlinghi），并很快结成伉俪。婚后，夫妇居住在比利时一个偏僻小镇，开办一个诊所，丈夫是医生，钱秀玲做护士。

二战开始后，法西斯德国占领了比利时，当时德国占领当局的最高军事和行政长官叫法肯豪森。这个人曾经在中国工作，做过国民党政府的军事顾问，其时钱秀玲的堂兄钱卓伦在国防部任厅长，同法肯豪森是很要好的朋友。钱卓伦曾写信给钱秀玲介绍过法肯豪森这个人，说他有一定的正义感，和顽固的法西斯分子还不一样，而且他同情中国的抗日战争。

1943年，在钱秀玲居住的小镇上，一位叫罗杰的青年给抵抗运动递送一份德国军用列车通过该镇的情报，抵抗运动将铁路炸毁，罗杰传送情报一事暴露了，被盖世太保逮捕，并很快被判死刑。这一消息使全镇的人陷入深深的焦虑。钱秀玲听到这个消息以后，立即想到了法肯豪森，她翻来覆去地在心中盘算要不要找法肯豪森讲情，怎样向法肯豪森讲，究竟会不会管用，她没有确实的把握。但是，当她一想到罗杰这个年轻爱国者命悬一线，就要被执行绞刑时，她决心一试。她先给法肯豪森写了一封信，提到她的堂兄曾向她介绍过法肯豪森的为人，表示她相信出于人道主义考虑，法肯豪森会设法让罗杰免于绞刑。第二天一早她带着信乘火车直奔160公里以外的布鲁塞尔，见到了法肯豪森，首先递给法肯豪森她堂兄钱卓仑写给她的信和她自己写给法肯豪森的信，还有她哥哥的照片，证明了自己的身份。然后她开门见山，恳求法肯豪森免除罗杰死刑。结果几天以后，消息传来，罗杰死刑改判为8年徒刑。消息不胫而走，钱秀玲营救成功，成了罗杰的救星、人们眼中的女英雄。

1944年6月6日，盟军在法国诺曼底登陆，第二天，比利时地下抵抗组织在距离布鲁塞尔60公里处的艾克辛市（Ecaussinnes）暗杀了三名德军高官，

钱秀玲

德军立即抓捕了96名当地居民作人质，并扬言如不交出凶手，这90多人将一批一批地被处死。这时，一筹莫展的艾克辛市民想到了钱秀玲。尽管她同艾克辛市的任何人都素不相识，但仍然挺身而出，毅然决然连夜赶到布鲁塞尔找到法肯豪森。这次法肯豪森表示他无能为力，因为纳粹当局已经不信任他，他面临被撤职的危险。但是钱秀玲仍然以坚毅的口吻说：“将军，我不能眼睁睁地看着他们死去，道义不允许，良心也不容。”第三天，这90多人中有十几个被释放，其余也免于处死，被送到德国服劳役，半年后除个别死亡者全部陆续回到比利时。人们猜测，法肯豪森在明知自己命运堪虞的情况下仍然作出对90多人从宽处理的决定，是钱秀玲的一席话在特定的条件下起了作用。据说，在钱秀玲会见法肯豪森的那天晚上，号称“沙漠之狐”的隆美尔将军正在法肯豪森的办公室内，两人正在密谈。历史学家们认为他们肯定谈到了推翻希特勒的问题，法肯豪森这时肯定和许多纳粹高官一样，对法西斯德国的前途陷入绝望，不想再用这90多人的生命加重自己的罪恶。在这种情况下，钱秀玲的话打动了他。

二战结束后，为了表彰钱秀玲的功绩，比利时政府向她颁发了国家银质勋章，艾克辛市为感念她的恩惠，将该市一条大街命名为“钱夫人街”，比利时人按照习惯将这条街简称为“佩林西（Perlinghi）”因钱秀玲作为妻子，她

钱秀玲与丈夫

的名字冠以丈夫的姓，这是西方习俗，人们一说"佩林西"街，意思就是"钱夫人街"。

法肯豪森在处理完这件事后果然被调回国内，随即被捕入狱。然而，纳粹当局还来不及开庭审判法肯豪森，德国即战败投降，法肯豪森作为战犯被盟军监管。1948年法肯豪森被引渡到比利时。1950年，他作为在比利时的头号战犯被交付法庭审判。获悉这一消息后，钱秀玲和她救助过的几十个人联名上书，并出庭作证，呼吁对法肯豪森作全面公正的评价。当时她通过记者诚挚地表示，"我不想干预司法程序，尤其是对于一个给了我如此厚爱的国家。我在二战期间为比利时人尽了一份职责，国家就因此而授予我勋章，而这一切恰恰是因为法肯豪森冒着生命危险，做了最大限度的努力……我无法预料法肯豪森将军的结局，但我希望他也能看到这篇文章，知道我至今仍对他十分感谢和尊敬。"

由于钱秀玲等人的证言，法肯豪森免于死罪，被判12年徒刑，三年后被提前释放回国。

2001年中国一个电影摄制组来到比利时，拍摄一部以钱秀玲营救比利时爱国者的事迹为内容的故事片，片名就叫《纳粹枪口下的中国女人》。钱秀玲通过家人反复同摄制组沟通，表示她不接受"英雄"的称号，影片也不能用她的姓名。是的，她在比利时受到人们的尊敬和爱戴，不仅是由于她冒生命危险救助他人，而且是由于她从不以"英雄"自居，从不居功自傲。几十年来，她一直都过着普通人的平静生活，与邻里们和睦相处，比利时人一直没有忘记她。2001年秋天，艾克辛市市长杜特里约访问宜兴，艾克辛市与宜兴结为友好城市。杜特里约先生在签字仪式上说："钱秀玲女士是宜兴人民的女儿，是艾克辛市的母亲。我的父亲就是钱女士从德军枪口下救出的90多个青年之一，没有钱女士也就没有我。"

笔者在比利时任职期间，每年的国庆招待会都要邀请钱秀玲老人出席，只要身体允许，老人总是坐着轮椅由家人照顾着出席活动，表现了老人眷念祖国的拳拳之心。

中世纪名城列日

列日是中世纪的一座名城，早在罗马时代它已有居民聚落，最早的记录是公元558年，当时的名字是Vicus Leudicus。它的地理位置在默兹河(Meuse)与奥瑟河(Ourthe)相汇的河谷中，与荷兰、德国相邻。

大约705年前后，马斯特里赫特的圣·兰伯特(Saint Lambert)被授权使这一区域完全天主教化。这表明直至8世纪初这里仍然存在着某种形式的古代宗教，改宗天主教在这里仍不普遍。由于兰伯特后来在列日被暗杀，他被视为献身于信仰的烈士，它的遗骸被装入神龛。他的继承者圣·休伯特(St. Hubert)在主教住宅附近修建了一座教堂(basilica)，这里就成为城市的核心。

在历史上，列日与比利时其他城市有一个很大的不同，它在中世纪一直是属于神圣罗马帝国的独立公国，而且它的政治制度很独特，大公和教区的主教是一个人，称作主教大公。它取得此种地位是在980—985年之间，当时的主教是诺特格(Bishop Notger)。于是列日城成为主教公国的首都，从985年一直到1794年不曾中断。诺特格主教大公将此城改造成文化和天主教的中心，在中世纪保持了它在文化上的重要性。教皇克雷门特六世从列日招聘了几位音乐家在阿维农的教会庭院进行演奏，这次演奏从此成为法定的宗教音乐模式。

列日战略地位的重要使其在几个世纪中都经常遭到战火的摧残。最早在一个山丘上修建了一个要塞，从那里可以瞭望整个城市的西部。1345年，列日居民发动起义反对当时的主教大公英格伯特三世马克(Engelbert III of Mark)(1304—1368)并将其击败。之后不

列日

久，一个独特的政治制度诞生了：城里32个行会分享地方的政治权力，每个行会派出自己的人先行注册，取得发表意见的资格，每个行会的声音都是平等的，这就形成了一个最民主的制度，这是低地国家从未有过的创造，给列日留下了民主精神，这种精神一直存续了整个中世纪。这种制度还传到了乌特勒支。

1468年，列日在与勃艮第的战争中曾被占领并受到严重破坏。1477年列日被置于哈布斯堡王朝统治下，1555年则在西班牙的统治下。不过，具体的统治权仍然在主教大公手里。在反宗教改革运动时期，列日的主管教区出现分裂，逐渐失去了作为一种地方力量的地位。17世纪主教大公来自巴伐利亚家族。18世纪，主教大公的宝座多次易手，到18世纪中叶以后，法国百科全书派开始受到列日的欢迎，得到沃尔布鲁克大主教(Bishop de Verlbruck)的鼓励，为革命铺平了道路。1789年8月18日，在法国大革命的影响下，列日也爆发了革命。1794年，在法国大革命扩展其征伐中，法国军队占领列日，并强加了一个匆忙组成的强力反牧师政权，摧毁了圣·兰伯特大教堂(Cathidral of Saint Lanbert)，并于1801年由拿破仑和教皇庇护七世(Pope Pius VII)共同签署了确认推翻主教大公的文件。1815年拿破仑战败，列日归入尼德兰王国，1830年，比利时成为独立、中立的天主教国家，列日即于此时归入比利时版图。在此后的岁月中，列日进入了快速发展轨道，成为欧洲大陆一个重要的工业城市。它是欧洲大陆第一个大

型钢铁工业中心。

列日还有足以感到自豪的历史。19世纪80年代，列日的要塞重新设计，城市周围建立了12个要塞，以便实施更有效的纵深防御。在第一次世界大战中，它有效地阻止了德国军队按照施利芬计划快速穿越默兹河谷和阿登山区而进入法国的战略目标。1914年8月5日，德国人到达列日，当时Gerard Leman将军率3万人保卫列日，那些要塞使10万敌人的进攻受阻，最终虽因敌人连续五天用大口径榴弹炮轰击要塞而使抵抗最终失败，但是，这场12天的保卫战，延宕了敌人计划的实施，为挫败德国占领法国的计划做出了贡献。列日城最后被德国人占领，一直到战争结束。战后，列日因其1914年的英勇抵抗而获得国家荣誉勋章。

列日民居墙上的雕刻

1940年，德国人又回来了，这次攻下要塞只用了三天。大部分犹太人在当地人的帮助下得救了。1944年9月，德国占领者被驱逐出去，但战争结束前密集的空袭在列日城落下了1500枚V1和V2导弹。战争结束后，王室问题成为核心问题。由于利奥波德三世在战争期间同德国人合作，1950年7月，比利时劳动联盟领导人安德鲁·罗纳德发动反对利奥波德三世的大罢工并“控制了列日城”。罢工最终导致利奥波德三世退位。

列日以其是传统的社会主义市镇而知名。煤炭业和钢铁业的衰退、高失业率和因此造成的社会紧张使列日饱受折磨。1960年冬季总罢工中，发生街头动乱，在与军警的冲突中有75%的人受伤。

列日城还是比利时重要的教育中心，著名的列日大学成立于1817年，有17000个学生。

默兹河

庇隆纪念碑

列日城的象征—庇隆纪念碑

庇隆纪念碑坐落在市中心的广场中，是列日城的象征，代表列日省和列日市追求自由的理想。纪念碑原曾被勃艮第的大胆查理摧毁过，后来又被他的女儿玛丽重建。现在的纪念碑是简·戴尔科（Jean Delcour）于1697年设计修建的：一个八角形的喷泉，上有拱顶，拱顶之上一根立柱托起三个女神，立柱底部是四头雄狮，三个女神手中高擎一个松球。

蒙塔格台阶

这是一处有406级台阶的小山，登上山顶可以看到列日的全景。据传说，1468年一个叫佛朗斯·孟戴斯的村子里有600个勇士爬上一座山想端掉勃艮第公爵大胆查理的帐篷，他们的领袖是列日的爱国者博尔仁（Bueren），他想激励他的伙伴们拿起武器反对已经将列日城

蒙塔格

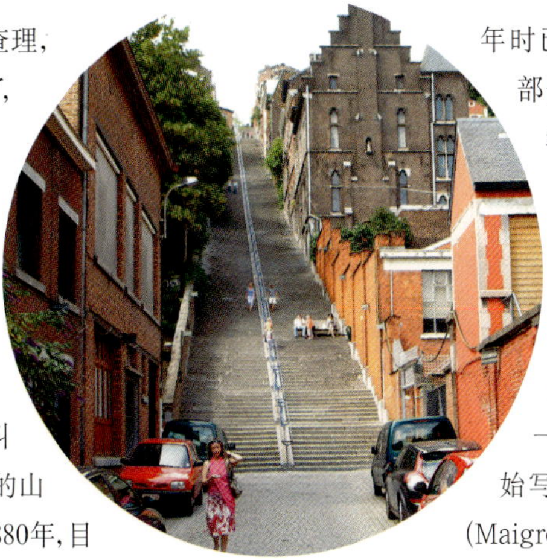
蒙塔格台阶

占领了的大胆查理，然而计划失败了，600个勇士全部牺牲，城市被劫掠了整整七个星期。实际上，事情发生在另一个山头。现在这个叫博尔仁蒙塔格的山头的台阶建于1880年，目的是便于山顶上的驻军士兵下山到市中心不必绕路经过那些小巷。山顶不远处有个小公园，在那里可以拍摄列日全景。

刑侦小说家西门农

乔治·西门农

乔治·西门农（George Simenon）是比利时著名的侦探小说家，生在列日，他是列日的光荣。西门农是个多产的作家，写了数百部小说和故事，在数量上超过同时代的任何小说家。16岁时开始在一家地方报社工作，19岁时前往巴黎。他每天上午4点到8点可打出80页手稿，从1922年到1936年他一共写出了1500篇短篇小说，到1968年时已经出版了500部长篇小说，所用笔名有17个。他的大量文学作品被译成各种文字，成为20世纪最受民众欢迎的作家之一。1931年他开始写探警麦格里特（Maigret）的系列故事，塑造了探警麦格里特的形象。从1945年起，西门农在美国住了十几年，然后移居法国和瑞士。他的作品中心主题是神经过敏的、不正常的个人生活的孤独。他的文体严谨简洁，着墨不多便可渲染出令人神经紧张的气氛。

民间传说的傀儡形象桑切斯

桑切斯是一个最受大众喜爱的傀儡像的名字，这是瓦隆地区默兹文化的一部分。传说桑切斯的形象出现很早，可能在760年左右。据说他是从两个石头缝中蹦出来的，这很有些像中国的孙悟空。他还是个孩子的时候就喜欢喝当地的杜松子酒。他在傀儡剧场演出傀儡戏。这些剧场至今还在演出，这个脾气好、执著、有时又有点叛逆性的人物形象象征了列日人的性格。

布莱格尼村

采煤工业中心的见证 布莱格尼村

布莱格尼村在列日城外，是旧时一个煤矿原址。19世纪时列日煤矿和金属开采十分繁荣。现在这些矿井已经全部关闭。在布莱格尼村可以参观老的矿井建筑，在老矿工的带领下可以下到矿井，聆听音像讲解。

列日值得参观的几个博物馆

兵器博物馆

这是欧洲第二大兵器博物馆。博物馆告诉人们，列日曾是世界武器交易的中心。著名的武器制造厂Herstal就在列日城附近。兵器博物馆是一座建于1775–1779年的新古典主义建筑。在法国人占领期间，这幢房子曾是地方长官公馆。拿破仑曾两次在这里居住，后来荷兰总督也在此居住过。1858年，一位武器制造商兼收藏家皮尔·约瑟夫·莱米勒（Pierre Joseph Lemille）将这幢房子买走，他死后，列日市政当局购得此建筑，将它辟为兵器博物馆。博物馆收藏有13000多件兵器，仅有一部分对外公开展览，无论是行家还是好奇者都会对展品产生莫大兴趣。

瓦隆艺术博物馆

这个博物馆是四层楼的现代建筑，展出16–20世纪瓦隆各个省份（列日、埃诺、那慕尔、卢森堡、瓦隆布拉邦省）艺术家的作品。这些艺术家有兰伯特·朗巴德（Lambert Lombard，1505–1566），17和18世纪列日画派的杰拉德·多菲特（Gerard Douffet）、巴塞莱特·佛来摩尔（Bertholet Flemalle）、简·拉托（Jean Latour）等，还有利奥纳德·德佛朗士(Leonard Defrance 1735—1805)、尼科拉斯·德·法森(Nicholas de Fassin,1728—1811)、艾克萨威尔·麦勒里(Xavier Mellery)、佛兰克斯·约瑟夫·纳威兹(Francois Joseph Navez)、康斯坦丁·缪尼尔(Constantin Meunier)。还有20世纪的代表人物,如利昂·佛莱德里克(Leon Frederic)、保罗·戴尔瓦克斯(Paul Delvaux)、热那·玛格丽特(Rene Magritte)、安娜·伯奈特(Anne Bonnet)等。

科迪斯博物馆

博物馆所在之建筑是列日最著名的建筑,它原来是17世纪的修道院叫Jean de Corte,它更为著名的拉丁文名字是“Curtius”。它和另一个博物馆的收藏在一起构成了完整的列日从高卢罗马到中世纪直至18世纪的考古发现和装潢艺术的面貌。例如诺特格主教的福音书、圣母雕像、钱币、印章、主教大公的勋章。

宗教艺术博物馆

在这个博物馆,人们可以了解列日从中世纪到当代宗教艺术总体发展情况。有许多艺术品是表现对圣·兰伯特的崇拜,还有不少圣经的插图画,表现上帝的箴言,还有一些塑造列日守护神的艺术品。这里还展示被毁掉的圣·兰伯特教堂的模型。

金属冶炼工业博物馆

这个博物馆设在原来一个大工业建筑物中,展示聚焦于瓦隆区的工业发展历史,有一个17世纪的经过重修的冶炼炉真品、著名的拿破仑的锌制澡缸等。另一个展段是“能源制造”的发展变

列日鸟瞰

化，这一部分有最早的格莱姆直流发电机实物。再一个展段是信息技术展示。

还有几个博物馆同样精彩：玻璃博物馆、史前考古博物馆、现代艺术博物馆、瓦隆生活和民俗博物馆。

列日的水晶业

列日是比利时玻璃工业中心，它的水晶制品享誉全世界。最出名的叫瓦尔·圣·兰伯特水晶（Val Saint Lambert Cristal）。瓦尔·圣·兰伯特原是一座废弃的教堂的名字。1826年两位法国人购买了这个废弃建筑物，在这里开设了一个水晶工厂。由于产品品质优良，瓦尔·圣·兰伯特水晶成为名牌产品，行销各地，风靡全球，在第一次世界大战前达到它历史上的顶峰。当时每天有5000人生产160000件水晶瓶和其他水晶产品运往世界各地。兰伯特水晶以其质地纯正和光艳靓丽而赢得了无与伦比的声誉和首屈一指的市场份额。然而，30年代的大萧条给了它沉重打击。从那时起，销售一直下滑，尽管比利时政府直至1987年每年都给予补贴，但终未恢复过去的辉煌。1987年，一个比利

列日大教堂祭坛

时人买断工厂，慢慢地使其恢复了元气，现在它每天能生产1400件从水晶花瓶到水晶烟灰缸各种不同的产品。到这个工厂参观可以欣赏玻璃产品吹气和水晶雕花表演。在工厂地下室设有展厅，展示从世界各地收集的历代水晶制品。

司法宫（原主教大公宫殿）

纪念碑的旁边是市政厅和圣·兰伯特广场，广场上矗立着昔日主教大公的宫殿，现在它已改建成司法宫，这是埃沃尔·万·德·马克(Everal van der Marck) 主教大公于1526年下令修建的。这座建筑充分体现了各种建筑风格出色的融合，建筑外部是意大利文艺复兴风格，而内部则是哥特式风格，特别是在宫殿庭院内可以看到从晚期哥特式风格到早期文艺复兴风格的过渡。维克多·雨果在游历列日之后对宫殿作了这样的描述："我从未见过一个同时具有如此卓越、如此庄重又如此壮观三种特色熔于一炉的建筑。"建筑的主要立面即从圣·兰伯特广场到宫殿入口处的立面建于1737年，体现了18世纪法国建筑风格的精华。内部装修仍是原有的样子，向人们展示了从16世纪下半夜到路易十六时代的装潢艺术，比如烟囱、壁毯、彩绘墙纸，等等。

列日市中心无异于一个漂亮的私人房屋展览，大部分是默兹风格(Moason Style)，特别是在一些老街，那里有很多

列日大教堂彩色玻璃窗画圣母与圣子

景色如画的小弄堂、小里巷，具有诱人的魅力，身在其中，你很可能忘记这是在现代大城市列日城里。

列日大教堂

列日大教堂又叫圣·保罗教堂(St Paul's Cathidral Leige)。法国大革命期间，古老的圣·兰伯特大教堂被毁。在大革命的狂热冷却下来以后，人们需要一个新的教堂，圣保罗教堂被认为适合替代圣·兰伯特教堂，并在1812年将其升级为坐堂，这就是现在的列日大教堂。

现在的列日大教堂是原有的七个牧师会教堂中的一个，建于10世纪，13–15世纪重建。1240年代教堂的哥特式风格

的圣坛、耳堂和部分中殿开始修建，继承原来的罗曼式牧师会教堂。14世纪三个多边形后殿和五个中殿间隔连同间隔中的小礼拜堂修建起来。教堂塔楼上加盖了一个木制的小钟楼，内部装修到15世纪上半叶才告完成。教堂继承了圣兰伯特教堂的部分珍宝，还得到在法国大革命期间流失的一些当地的杰出作品。19世纪中叶，教堂建筑又经历了一次维修。中心大殿和耳堂的拱顶的装饰很密集，这些装饰在19世纪时又被用在侧殿和小礼拜堂的拱顶上。南耳堂巨大窗户上古代的彩色玻璃十分精彩。这是1530年列日一个大师级玻璃工匠制作，表现圣母玛利亚加冕和圣保罗的皈依，细节刻画十分生动。中部的耶稣蒙难像反映出兰伯特·朗巴德的影响，正是朗巴德把文艺复兴的原则引进到列日的艺术。

圣·巴瑟洛缪教堂

圣·巴瑟洛缪教堂（St Bartholmew's church,Leige）建于11世纪晚期（圣坛）到12世纪（西大门并两个塔楼，两塔楼于1876年重修）。像其他教堂一样，在几个世纪中，它一直进行加工精修。它属于默兹罗曼式风格——奥托式建筑（Ottonian architecture），且植根颇深。18世纪新修了两个走廊，在西端的墙体上修了一座新古典主义大门和殿内法式巴洛克的装饰。圣·巴瑟洛缪教堂是七个罗马天主教牧师会教堂之一，2006年教堂修缮完毕，共用了7年时间，1000块石材，墙面的彩绘都恢复了。

教堂收藏有很多艺术品，其中有：

《赞颂圣十字》（The Glorification of The Holy Cross），这是列日当地画家Bertholet flamalle（1614—1675）的作品。

《耶稣钉死十字架》（Crucifixon），这是当地画家Englebert Fisen(1655—1733)的一幅作品。

艺术珍品洗礼盆

洗礼盆，这是基督教Moason艺术的珍品之一，金匠Kenier de huy于12世纪之初受教堂住持Heliin的委托，为传统上主持洗礼的圣母院所制作。法国大革命后，1804年，洗礼盆移放在圣·巴瑟勒缪教堂。这件杰出的作品宣示了在艺术上希腊影响的复活。洗礼槽由10头牛（原来是12头，遗失2头）托起，表现了5个场景：耶稣在约旦洗礼；施洗者圣·约翰祈祷；初入教者洗礼；百人队长科奈琉斯洗礼；哲学家克莱顿洗礼。

列日教堂洗礼盆

欧盟2015年的文化首都蒙斯

蒙斯城市广场

蒙斯和捷克的Plzen将是欧盟2015年的文化首都。它是瓦隆大区埃诺省首府，位于一座小山的山坡上，旅游者喜欢在山的高处俯瞰这个小山城。蒙斯有丰富的历史文化蕴藏，可以说是比利时大部分城市的典型代表。对英国人来说，蒙斯是他们在二次世界大战中最先和最后战役发生的地方，而在现代，欧洲盟军最高司令部(SHAPE)(Supreme Headquarters of Allied Powers in Europe)就在附近的Maisieres。

蒙斯具有悠久的历史，罗马时代，这里就修建了一个城堡，当时是一个日耳曼部落居住在这里，这地方的名称叫Castrilocus，这个名字后来变化成Montes，即拉丁文的“蒙斯”。那时，蒙斯是Bavay到乌特勒支的一个军营。欧洲许多城市在中古时代都是兴起于一个修道院的周围，蒙斯也不例外，当时一位贵妇人叫沃尔德鲁(Saint Waudru)，她在这里建了一所修道院。蒙斯城就是从这里发展起来的。为了抵御外来袭击，这里的公爵或伯爵修建了许多防御工事，除了一些堡垒以外，防御

欧洲盟军最高司令部

蒙斯市政厅

城墙足有1公里长。蒙斯在12世纪成为埃诺伯爵鲍德温四世的城堡城市，这时候人口剧增，贸易繁荣起来，市中心竖起了很多大楼，市政大楼就是这时建起来的。13世纪末，居住在蒙斯城的人口已达4700多，1295年，蒙斯成为埃诺省的首府，人口到15世纪末已达9000人上下。圣·沃尔德鲁教堂于1450年代建成。随着城市的扩大，新的更大的城墙修建起来，它设置了六个城门可以进出蒙斯城，这种情况一直延续到1815–1820年荷兰统治时期才将城墙拆掉。

1515年，查理五世在蒙斯宣誓成为埃诺伯爵。在这个历史阶段，蒙斯成为各色占领者的对象，1572年新教教徒夺取了该城，后来，爱尔巴公爵（Duke Alba）以天主教西班牙国王的名义取得了蒙斯的控制权，城市遭到沉重创伤，许多居民被捕。1580–1584年，蒙斯成为南尼德兰的首府。1691年，法国路易十四的军队围城9个月后轰击了这个城市，使城市遭受重大损失。1697–1701年，法国和奥地利先后统治蒙斯。1701年后，蒙斯又回到法国人手中。1715年，根据乌特勒支条约，蒙斯又落入奥地利人之手，但法国人不甘心，路易十五在1746年又围困该城。1792年之后蒙斯被合并到法国。拿破仑覆灭后，蒙斯成为荷兰的城市，1830年比利时独立，蒙斯成为比利时的城市，才算获得了稳定的地位。

圣·沃尔德鲁教堂

圣·沃尔德鲁（Saint Waudru）是蒙斯的守护神，圣·沃尔德鲁教堂就是

圣·沃尔德鲁教堂

Tips

Doudou节庆活动

蒙斯有一个传统民俗节庆活动叫Doudou，在每年的圣灵节后的第一个礼拜日，这一天要庆祝三位一体即圣父圣子圣灵的节日，举办游行庆典活动，这时就要请出圣·沃尔德鲁的神龛放在镀金的木制花车上，通过主要的街道。这个活动于2005年已经被联合国教科文组织确定为人类口头和无形文化遗产。

以她的名字命名的，并将她的骨灰盒供奉在神龛中。圣·沃尔德鲁生前是埃诺伯爵夫人，她生育了四个孩子。656年，她的丈夫退休进入一个修道院，她也成为一个修女并建立了一个女修道院，蒙斯就是在这个修道院周围发展起来的。

圣·沃尔德鲁教堂是哥特式风格建筑的范例之作。工程于1450年开始，一直到1690年才完成，用哥特式教堂取代了原来的罗曼式建筑，200多年间，不同的建筑师都尊重原设计，使这个建筑保持了风格上的一致性。原设计塔楼高190米，但因经费短缺未能实现。教堂外观丰满壮观，115米长，32米宽，24.5米高，内部的设计完全体现了晚期哥特式风格的特点。16世纪时，一个大理石十字架楼厢安放在中殿和唱经堂之间，用雪花石膏雕像作装饰。法国大革命时楼厢被毁，但雕像逃过一劫，1930年雕像又放在唱经堂和耳堂中展示。教堂内还有一辆镀金的木制车，在游行庆典时使用。

蒙斯城市广场

蒙斯城市广场的建筑很壮丽，哥特式市政厅是主导建筑。这是1458年开始修建的，建筑师是Mathieu de Layens，他也是那座世界上最漂亮的市政厅鲁汶市政厅的建筑师。蒙斯市政厅不如鲁汶市政厅漂亮，主要原因是由于资金缺乏而未能完成原设计，市政厅的第二层始终没有开建，直到1718年，一个开放式的钟楼才安放在屋顶上。内院是一片静谧的草坪，通过一个地道可以到达市长花园，那里还有几个博物馆。市政厅周围是不同时代风格各异的建筑，给广场添加了异彩。市政厅两侧的立面属于18世纪巴洛克风格，左面也有一些16世纪

城市广场

的房屋。1691年，路易十四在西班牙战争中摧毁了蒙斯市，所以现在看到的房子很多是重建的，都是典型的18世纪法国式风格。

像许多低地国家其他城市一样，蒙斯也有钟楼。钟楼高87米，属于晚期文艺复兴式和巴洛克风格，是1661–1669年由建筑师路易斯·莱多克斯建造，它替代了一个15世纪坍塌了的老钟楼，钟楼上部很有特色，中间是个圆肚大尖顶，周围四个角落是四个小圆肚尖顶。维克多·雨果曾在给妻子的信中写道："想象一下，一个巨大的咖啡壶，在它的下面有四个小茶壶，幸亏那个咖啡壶足够大，否则难看死了。"

Tips

猴子雕像

市政厅大楼外边有一个猴子小雕像。现在尚无从知道猴子雕像背后的故事，但是确知几个世纪之前即已存在这个小雕像。一些历史学家说，猴子雕像放在市政厅外边是为了给蒙斯和市民们带来好运。今天，经过这里的人们都会用左手摸一下猴子雕像的头并暗暗许愿，期望心想事成，这个猴子的头已被抚摸得变了颜色。

蒙斯钟楼上部

图尔奈——欧洲最古老的城市之一

图尔奈是值得探访的城市，它是欧洲最古老的城市之一，曾经是法国的前身——西法兰克王国最早的政治中心。你一旦踏上这个城市的土地，就立即会感受到它的沧桑，它的历史可以追溯到罗马帝国时代。公元1世纪时，它的名字叫图尔纳克姆（Tornacum），那是这个城市最初建成的时候。罗马帝国恺撒出征高卢时有一条通向科隆的大道，图尔奈正位于这条大道上。埃斯考河（佛拉芒语称斯海尔德河）从城中穿过，把全城分成差不多相等的两部分。此地盛产一种蓝灰色的石料，是一种很好的建筑材料，置身城市的高处，满眼都是暗灰色的屋顶，这与其他城市形成明显的差别。全城街道纵横交织，公园和喷泉随处可见，石筑房屋、各式纪念建筑、教堂和钟楼、小方石块儿的街巷，所有这些构成了这个城市的古朴和谐的景象。

图尔奈

公元3世纪，罗马皇帝马克西米连在此地构筑城堡，公元432年被日耳曼人萨利法兰克部落占领。这个部落的首领希尔德里克（Childeric）就是著名的法兰克墨洛温王朝创始人克洛维的父亲。公元486年克洛维即位后将王朝首都迁往巴黎。后来，墨洛温王朝被加洛林王朝所取代，发展成强大的查理曼帝国。9世纪时帝国解体，公元862年，西法兰克国王大胆查理（Charls the Bals）（后来做过神圣罗马帝国皇帝）将图尔奈归入佛兰德斯版图。根据《凡尔登条约》，在帝国西部的图尔奈后来便顺理成章地成为法国的一部分。

多孔桥

11世纪，图尔奈因毛织业兴起而开始繁荣起来。毛织业用英国的羊毛作原料，吸引了许多商人，为经济繁荣提供了大兴土木的条件。1030年，这里开始重建教堂，1290年，位于埃斯考河上的多孔桥（The Stone Pont des Trous）开建，这是最吸引人的中世纪军事建筑遗址之一。建筑结构包括两个塔楼，一个是位于左岸的布尔第艾勒（The Bourdiel），一个是位于右岸的

图尔奈埃斯考河

第欧勒里(The Thieulerie),连接两个塔楼的桥体横卧河上,通向塔楼处设有巨大的栅栏,保护着埃斯考河。在漫长的历史中,这座桥经历了很多变迁。1340年,英国国王爱德华三世对城池的进攻破坏了桥墩。1940年,英国人又炸毁了它。1947年重建时为方便船只通行,将塔楼和桥墩加高了2米。

15世纪,图尔奈的纺织业十分兴旺,壁毯业发展迅速,图尔奈成了壁毯的重要产地。与此同时,绘画艺术也发展起来,雅克·达雷(Jaccques Daret),罗伯特·康平(Robert Campin)和罗杰·范·德·韦登(Rogier Van der Weyden)都来自图尔奈,达雷是图尔奈行会师傅,擅长祭坛画,也是插图画家。康平是文艺复兴时期佛兰德斯主要的艺术家,是佛兰德斯文艺复兴绘画方法的创始人。达雷是他的学生。学界研究表明,是康平而不是凡·埃克发展了油画方法。韦登曾在康平的作坊当学徒,1432年开始成为独立的画家。1435–1440年他为鲁汶射箭公会礼拜堂完成了著名油画《耶稣下十字架》。他的艺术成就影响了整整一代佛兰德斯画家。

1513年,英国国王亨利八世征服了图尔奈,图尔奈成为唯一一座英国统治的比利时城市。1515年,图尔奈在英国议会获得席位。1519年回归法国。1521年,查理五世又将其划归尼德兰,这导致了宗教冲突和经济衰退。16世纪时,图尔奈是加尔文教派的活动中心,最终被西班牙尼德兰总督帕尔马((Parma)公爵征服。1581年城市陷落，新教徒被允许在一年之内变卖自己的财产迁移到外地。这在当时被认为是宽厚仁慈的政策，因为那时通常的做法是屠杀。

1668年，图尔奈在路易十四当政时又回到法国手里。西班牙王位战争后签署的乌特勒支条约规定，尼德兰归属奥地利哈布斯堡王室，图尔奈亦包括在内。1815年，拿破仑战败后，图尔奈成为荷兰的一部分，1830年，比利时脱离荷兰独立，图尔奈遂成为比利时的一部分。在两次世界大战中，图尔奈都遭到战火破坏，二次世界大战破坏得更严重，1940年，德国飞机轰炸并烧毁了市中心，1944年，盟军夺取了图尔奈，几乎60%的遗产被毁，战后逐渐恢复。

作为英雄城市，图尔奈于1951年被授予“1940年战争十字勋章”。图尔奈是联合国教科文组织认定的世界历史遗产。据当地官员对笔者说，城市的建设，包括新建和改建项目，必须经教科文组织审查批准，否则，任何城建项目不得启动。陪同我的当地官员说，这项规定很重要，能有效地防止历史遗产被破坏。我想，在全球化日益发展的今天，这又是一个内政事务国际化的例证。

图尔奈一些人家在窗子外糊上窗画，据说是为了少缴税，因为当地是按住房的窗子多少征税的

图尔奈圣母大教堂

图尔奈大教堂是欧洲中世纪一座非常重要的建筑遗存。这座教堂以其结构的宏大、多达五座的塔楼、不同年代建造的不同风格的建筑元素以及其藏品的珍贵而著称于世。

这座教堂的建造非一日之功。它最初是公元4世纪时的一个小教堂，后经多次改建扩建，到12世纪初才开始按罗曼式风格修建大教堂。这是因为那时图尔奈被宣布为独立的主教区，有资格修建一座主教座堂。笔者于2011年夏天有机会重访比利时，造访了这座教堂，当地官员告诉我，当时决定修建这座大教堂是因为可以冠冕堂皇地从罗马教皇那里拿到钱。

图尔奈大教堂位于埃斯考河的南岸，居高临下，用当地盛产的蓝灰色石料建造。经过多次重建扩建，这座教堂最终成为建筑艺术的杰作，现在是图尔奈的地标建筑。教堂中殿是罗曼式风格，厚重质朴，耳堂是前期哥特式风格，而唱经堂则是成熟的哥特式风格。三种风格旨趣各异，各领风骚，既形成鲜明对比，又有机地融合在一起，取得了令人惊叹的效果。

中殿的主要部分建于12世纪，最初屋顶是平的，18世纪时改造成拱顶，天窗之间的半壁柱支撑着拱顶。屋顶下玫瑰圆式窗子和原来的西外墙结合在一起，外墙上有许多表现圣经故事的雕刻，这些是14、16、17世纪不同时期的作品。中殿侧廊骑楼底层和第二层的拱廊之间还建有一层廊道，用作展示藏品，这可以称为中二层，中殿实际上是四层架构，比教堂建筑中殿通常的三层架构还多了一层，这被认为是创新之举。耳堂是12世纪下半叶修建的，屋顶为拱顶。耳堂之上建了5座塔楼，高达83米，各塔楼并不雷同，鲜明地体现了由罗曼式向哥特式风格转变的迹象。耳堂内包含了三个中殿、七个廊柱间和五个小礼拜堂。礼拜堂内收藏有珍贵的艺术品：圣母神龛和圣埃勒泰尔茹斯神龛。这被视为比利时的国宝之一。每年9月第二个礼拜日人们都要请出圣人神龛并举行祭奠仪式，感谢曾将图尔奈城从瘟疫中拯救出来的圣母。教堂内还藏有不少艺术家的画作，其中有一幅画叫《炼狱》（Purgatory），据传是鲁本斯的作品。在耳堂还收藏了一些最古老的罗曼风格的壁画、14世纪阿拉斯的壁毯和珍贵的象牙雕饰以及金银器物。珍宝室和图书

圣母大教堂

室藏有价值连城的圣物制品，特别是有拜占廷的十字架、圣骨箱和神龛。教堂中部有一座漂亮的文艺复兴式的耶稣蒙难十字架阁楼，立于1572年，像一个大屏风将罗曼式中殿和哥特式唱经堂分隔开来。这个唱经堂是13世纪时修建的，比原来的罗曼式唱经堂更宏伟，它长58米高47米，比罗曼式中殿还高出14米，工程用了80年。

图尔奈教堂钟玲

1999年，教堂遭风灾破坏。从那时以来一直进行修复和加固工程，还进行了考古挖掘，尤其是发掘了11世纪的墓地。笔者在参观时有幸被比方官员带到已封闭的区域，亲眼看到巨大的廊柱向一侧微微倾斜，大殿内脚手架林立，地上堆放着许多建筑材料。我问在场的教堂管事维修需多长时间，他说要很长时间，一二十年、二三十年，甚至更长时间都有可能。

维修中的图尔奈教堂

图尔奈钟楼

图尔奈钟楼是比利时最古老的钟楼，建于1188年。钟楼高72米，有257级台阶。钟楼的修建要感谢法国国王菲利普斯·奥古斯特。为什么呢？因为从630–1146年图尔奈主教座席一直不是独立的，而是附属于努瓦永（Noyon，在法国）的主教座席。然而，图尔奈由于港口兴旺和石灰石的贸易而发展起来，变得富裕了，因此城市得以扩张并修建了宏伟的宗教纪念物，其中包括9世纪开始修建的修道院，于是，通过这些建设提高了图尔奈的地位。

到了1146年，图尔奈主教终于同努瓦永主教分开了，成为独立的教区。因此，12世纪是图尔奈历史的里程碑。1187年，图尔奈主教将此城授予法国国王菲利普·奥古斯都，而国王则奉献一个新的世俗政府，称为“公社”，由市政会议代表。于是法国皇家城市成为独一无二的城市共和国，并被允许建造一座钟楼。这就是这座钟楼的来龙去脉，它是比利时最古老的钟楼。1391年，一场大火将钟楼内部烧毁。此后曾用作储藏所，后来还做过监狱，一直到1817年。

以城堡著称的那慕尔

那慕尔横跨阿登高原的东西南北之贸易通道，地理位置很重要。罗马的恺撒在击败了当地的日耳曼和高卢人之后就留在了那里。在墨洛温王朝时期，在默兹河和桑布尔河两河汇流处的石头山顶上修建了一座城堡，那慕尔开始变得重要起来。

二战中著名的阿登战役

从罗马时代一直到第二次世界大战，它都是兵家必争之地。10世纪时，它成为一个自治邦，但只能在默兹河北岸发展，因为南岸属于列日公国。1262年，那慕尔落入佛兰德斯伯爵之手，1421年又被勃艮第菲利普公爵买走。1640年代，那慕尔成为西班牙的领土，城堡大大加强。1692年法国国王路易十四入侵，占领了那慕尔，并且将它并入法国。1695年奥兰治拿骚的威廉三世又夺走了那慕尔。1709年荷兰人取得在那慕尔驻军的权利，1713年的乌特勒支条约使奥地利哈布斯堡王室成为那慕尔的统治者，但荷兰人仍保留了驻军权利，控制着城堡并再次重修城堡。1794年，

鸟瞰那慕尔

法国人再次入侵那慕尔。1815年拿破仑覆灭，维也纳公约将比利时并入荷兰。1830年比利时独立，那慕尔在新的国家内继续是主要的军队驻防地。1887年城堡再次重修。

1914年，德国把那慕尔作为主要入侵目标，以便控制默兹河谷，作为通向法国的捷径。城堡只守了三天便告陷落，城市被德军占领直到战争结束。二次大战期间，那慕尔是两场战役的前线，一场是1940年的阿登战役，另一场是1944年的布尔格(Bulge)战役。两场战役给那慕尔带来了重创。1977年以前那慕尔一直是比利时伞兵部队的驻地。

教堂和考古博物馆

历史上由于战火不断，那慕尔的古物遗存相对较少，重要的建筑有建于1751—1767年的受意大利影响的埃尔班教堂(Alban's Cathedrul)。教

Tips

那慕尔工商业

那慕尔是比利时一个重要的商业和工业中心，位于瓦隆地区的工业带，主要生产机械、皮革制品、金属和瓷器。它还是重要的铁路枢纽，位于布鲁塞尔与卢森堡城之间的南北线和利里与列日之间的东西线的交会处。那慕尔城最突出的景点是城堡，现已非军事化，并对外开放。每年复活节期间，这里都举行啤酒节活动。

埃尔班教堂

圣·卢普教堂

堂建筑师是来自米兰的盖塔诺·皮祖尼(Gaetano Pizzoni)。这个教堂是在原来的罗曼式教堂的原址上修建的，原教堂只有塔楼保留下来。教堂内有西班牙尼德兰总督、奥地利的东·居安(Don Juan)的心脏墓地，他死于1578年，遗体葬在西班牙的马德里。这个教堂附近还有一个教堂，叫圣·卢普教堂(Saint Loup)，这是以前那慕尔的耶稣会教堂，建于17世纪，它的12根多利安立柱支撑装饰漂亮的天花板的结构很壮观，震撼人心。

肉厅(Meat Hall)，位于桑布尔河

岸，是用砖和蓝石头建起的建筑，建于1588–1590年间，现在是瓦隆地区最重要的考古博物馆之一。这个博物馆收藏了罗马时期到墨洛温王朝和法兰克时期的考古发掘物。这一地区发现过很多罗马的人工制作品，各种瓶子、瓷器和宗教用品都是从罗马墓葬和罗马住宅中发掘的，在那慕尔的村庄里还发现了马赛克地板。在罗马人之后的高卢人、墨洛温人和法兰克人也有许多发掘物。这幢建筑物附近的老圣·詹姆士塔楼是唯一的钟楼塔楼，建于1385年，它照看着城市，也是城市的瞭望哨。

诺特达姆女修道院的珍宝

诺特达姆女修道院(Notre Dame)是比利时和瓦隆大区最漂亮和最重要的艺术珍宝之家。弗莱尔·雨果为女修道院制作了精美绝伦的宗教手工制品，

Tips

古代那慕尔博物馆

这个博物馆专门收藏10–17世纪的制成品。博物馆设在一幢18世纪的房子里，房子是原省长盖佛尔·德赫斯特里(Gaiffer d'Hestory)捐赠的，展品全是中世纪和文艺复兴时期的物品，其中有中世纪的金属锻制品、神龛、铜制品、硬石洗礼盒、盔甲、中世纪的纺织品、彩色玻璃窗，等等，这些藏品具有艺术和人文价值。

这些珍宝表明了默兹河谷的金匠和艺术家的作品在13世纪达到了何等惊人的水平。但是，这种艺术风格在14世纪被法国的哥特式风格所取代。

12世纪末，一位金匠雨果来到女修道院所在的奥伊格尼镇(Oignies)，同他的几个兄弟建立了一个宗教社区，雨果自己有一个工作间。1207年，一个体面家庭出身的年轻女人来此自愿照看麻风

诺特达姆女修道院

那慕尔蜗牛铜像

病人，因而提高了宗教社区的声誉，吸引来很多朝拜者，其中有一个法国教士雅克·德·维特里(Jacques de Vitry,后来是红衣主教)，他来后不久又离开去了圣地。当他从圣地回来时带来了许多重要的圣物。雨果为这些圣物制作了一套精美的盒子，以便向公众展示，这些精美的圣骨匣和圣宝盒就成为稀世珍宝。法国大革命后女修道院被关闭，珍宝藏于该修道院至今。

街头小雕塑

在比利时的城市，有不少很有意思的街头雕塑，好似立体漫画，引得人们驻足观看。最近笔者重访比利时在那慕尔看到了一组雕塑，令人忍俊不禁。那是在那慕尔中心的一条街上，雕塑中一个微微发胖、鼻子略微上翘的中年人，带着很滑稽的洋洋得意的表情，手中握着一根绳子，绳子的另一端拴着一只在地上爬行的蜗牛，很骄傲地对另一个正在侧耳倾听的人说："你看，我这蜗牛爬得太快，我不得不用绳子拴住它，让它跑慢点。"那位歪着头，扯着一只耳朵听他吹牛的人傲慢地回应："我的蜗牛跑得更快，你看，我不得不把它关在笼子里。"原来，他手中也拉着一根绳，绳的另一端拴在一个铁笼子上，笼子里关着一只大蜗牛。这两个人一个比一个会吹牛，但牛皮的背后所反映出的心态是以"慢"为荣，这和日常生活的逻辑相悖谬。雕塑的作者用艺术形象很幽默地讽刺了一些人的慵懒。那慕尔盛产蜗牛，雕塑作者用当地人最熟悉的事物创作出有积极社会作用的艺术品，令人佩服。这也使我有更深的憬悟：城市的个性往往通过一个很普通又很独特的现象得到充分展示。比利时的漫画墙和街头小雕塑体现了比利时人的幽默感，反映了他们健康的生活情趣。

那慕尔一座1700年的建筑。在比利时，四五百年以前的建筑至今仍在使用是很普遍的，说明只要维护得好，建筑寿命会很长，当然，前提是建筑质量必须合格。

那慕尔的城堡

那慕尔最重要的景物是古城堡，因为它的历史与这个城堡紧密相连。在3世纪和4世纪，罗马人在石头山顶上修建了瞭望哨，目的是保卫默兹河谷，防御日耳曼部落的入侵。后来在10世纪，那慕尔伯爵用一个木质塔楼取代了那个瞭望哨。环绕塔楼，其他建筑如围墙、水池、教堂和更大的新塔楼等相继修建起来。这些建筑都是用的石料，但现在这些建筑已荡然无存。1235–1245年，新的堡垒修建起来，有两面围墙和四个塔楼，其中两个塔楼留存至今，其他部分和14世纪所修建的部分现在都还存在。从1542年到1555年，查理五世又修了一座古堡，几乎就是一座城池，守卫碉堡的士兵可以住在里面。后来其他的附属建筑陆续修建起来用以保卫石头山周围薄弱的部分。

那慕尔城堡

那慕尔城堡

那慕尔一座1660年的建筑

17世纪末碉堡及其附属建筑越建越大，已经是过去规模的两倍，那慕尔城堡已经成为欧洲最大和最强固的城堡之一。到19世纪初，拿破仑下令将城堡的大部分拆除，因为他认为，他的帝国已扩张到东方，他不再需要这个城堡了。

1860年前后，城堡开始用作比利时军队的兵营，1930–1940年间，它又承担起军事堡垒的的职能，这时它的装备和当年已经不能同日而语了，它的地下部分装了空调系统、防毒气系统和装甲门。

这里要顺便说一下，笔者参观这个城堡时，曾问当地的官员，在英文中，“城堡”一词可用两个英文词表示，即castal和citadel，这两个英文词有什么区别。对方回答说，前者指冷兵器时代的城堡，而后者指枪炮等热兵器出现以后的城堡。

那慕尔城堡

EXPO
DA VINCI

布鲁塞尔圣心大教堂

附录

比利时旅游资讯

比利时出类拔萃的点滴

●比利时是世界最大的钻石和地毯出口国；世界第二大植物纤维和巧克力出口国；世界第二大药品出口国；世界第二大石油化工集群所在地；世界第三大玻璃出口国；世界第四大非酒精饮料、汽车、鸡蛋出口国；

●布鲁塞尔国际机场多次被评为欧洲准点率最高的机场；布鲁塞尔是欧洲绿化最佳的首都；布鲁塞尔是仅次于华盛顿的第二大旅游团体聚集地；

●进出口贸易占国内生产总值的83%，居欧盟国家首位；

●外国直接投资占国内生产总值居欧洲国家首位；萨克斯管的发明者是比利时人；

●瓦隆人曾从印度人那里买下曼哈顿岛而创立了纽约；

●瓦隆人曾在瑞典开辟了钢铁业；

●瓦隆人为早期的中国铁路发展作出了贡献；

●97%的公司雇员少于50人，近83%的企业拥有员工不到10名；中小企业的产值占GDP的70%；

●比利时在欧洲文化史上居于独特地位，日耳曼文化和罗马文化相互交融

的印记远胜其他欧洲国家；在西方绘画史上做出杰出贡献的画家中有许多比利时画家。

旅游的另类乐趣

朋友们到比利时旅游除了关注它的名胜古迹、佳肴美馔和异国风情外，我觉得不妨也留心一下他们的城市建设和管理，观察一下他们和我们所熟悉和习惯的东西有什么不同，说不定你会觉得饶有兴味。让我试举几例：

●当你走在比利时城市街道上的时候，你会发现脚下的便道是水泥板或小方石块儿铺就，或干脆就是柏油路面，不像我们在国内的一些城市见到的使用花砖。我想，他们注重的是防滑、耐用，不盲目追求“漂亮”。用时髦的话说，这叫做“以人为本”。

●马路维修时，哪怕是很小的工程，施工地点必设围挡，围挡上都有红灯闪亮，只要工程未完，红灯就24小时不停地闪亮。这样做保证了过往行人和车辆的安全，也保证了施工的顺利。

●双行马路修路关闭一侧时，另一侧改为临时双行路，都设临时红绿灯即在路的两端各放一辆车，车上装有红绿灯。

●你乘坐地铁或电车、公交车你会发现车站和车厢里基本见不到广告或很少有广告，都是无人售票。车厢里的电子显示屏不停地显示这趟车开向哪里，下一站是哪里，而不是不断地闪烁“乘客

你好，欢迎乘坐××路汽(电)车”，因为乘客在车里最关心的是自己应该在哪一站下车，所以，显示屏报告站名应该是首要的功能。

●比较宽的马路上中间都设安全岛，安全岛上也安装红绿灯，这样可以防止行人过街途中变红灯进退两难，便于行人过较宽的马路时分两段走，以保证安全。

●垃圾分类很自觉，他们分类很细，塑料瓶和金属瓶不能混在一起，甚至不同的颜色的瓶子也不能混在一起，木质的东西、纸制品和金属物品要分开。

●夜间骑自行车一般都要自觉地在脚后戴上荧光圈，以保证安全。

●超市出口处都设有整理台，方便顾客购物后分类整理便于携带。

●闹市区拆房时，除拆房机械外还配有大型喷水设备同时作业，不使尘土飞扬，行人车辆来往不受影响。

到比利时旅游的相关信息

根据比利时驻华大使馆提供的信息，介绍如下几点：

（一）比利时在北京、上海、广州设立了签证申请中心，为在中国居住的申请人提供服务。签证申请人必须在户口或暂住证所在地的签证申请中心提交签证申请。

比利时驻广州的总领事馆所管辖的区域包括以下几个省：广东、云南、广西、海南、福建。

比利时驻上海总领事馆所管辖的区域包括以下几个省市：江苏、浙江、安徽、上海。

所有其他中国的省市自治区归比利时驻华大使馆管辖。

上述三个比利时在华机构可以提供挂号返还速递服务，将护照直接寄送上门。

短期签证费60欧元或582元人民币；长期签证费180欧元或1746元人民币。签证服务费180元人民币。

申请人可上网查询：www.vfs-be-cn.com/china/index.aspx

（二）交通

布鲁塞尔机场：机场快线-火车。

火车站设在机场地下一层。有一条从机场到布鲁塞尔北部、南部和中央火车站的短途接送的班车服务，班车间隔为至少每20分钟一班，大约运行20分钟。

机场线是布鲁塞尔机场和欧洲地区之间的快速连线，每日30分钟一班。价格：单程3欧元。

出租车：到达大厅外有连续不断的可用出租车。布鲁塞尔机场到布鲁塞尔市中心的平均费用约35欧元。请务必乘坐有黄色或蓝色标牌的合法出租车。

公共汽车：公共汽车站位于0层。几条区域公交线路可到达布鲁塞尔机场。

国内火车旅行：游人可以在所有的主要车站买到头等和二等国内和国际列车通行证。（详情可在网上查询www.b-rail.be）

国际列车：布鲁塞尔南站(Midi Train Station)

是国际运输的主要中转站：欧洲之星和HST（TGV－西北高速列车）连接点。从这里可以选择高速列车Thalys、TGV(HST)、国际特快列车ICE、欧洲之星Eurosta到达你想去的欧洲各国的主要城市。

所有旅客都要办理海关和安检手续。

（三）申根国家

奥地利、比利时、捷克、丹麦、爱沙尼亚、芬兰、法国、德国、希腊、匈牙利、冰岛、意大利、拉脱维亚、立陶宛、卢森堡、马耳他、荷兰、挪威、波兰、葡萄牙、斯洛伐克、斯洛文尼亚、西班牙、瑞典。此外瑞士从2008年12月12日起已是申根成员国。

（四）有用的电话号码

中国大使馆紧急电话0032－476751182

火警及医疗救助电话100

联邦警察局电话101

欧洲紧急呼叫电话112

红十字会电话105

电话查询：比利时境内电话号1307或1234（自动）－国际电话号1304

（五）外汇兑换

很多外汇兑换处在周日营业。没有对外汇兑换交易规定。对于可以带入和带出这个国家的外币的数量没有限制。

（六）退税

非欧洲居民凭最低125.01欧元的购买发票就可以获得退税。也可以到加入欧洲免税购物计划的商店去购买物品，注意商店窗户上的免税购物标志。只要在购物时出示你的护照你就能获得一张免税购物支票，上面能够显示你所应得的退税。在你离境时，海关官员会在你的支票上盖章。你可以在欧洲免税购物台索取退税或要求将退税寄送给你。

比利时旅游路线

Day 1 布鲁塞尔

从中央火车站出发，步行约5分钟就可以到达大广场。这是布鲁塞尔的心脏，市政厅、国王大厦都在这里，众多建筑风格迥异的行会大厦也值得细细欣赏，小于连撒尿雕像也在附近。

在广场上小憩一下，继续前往圣·米歇尔及圣·古杜拉大教堂参观。在广场周边有很多博物馆，包括乐器博物馆、皇家美术博物馆和漫画博物馆等等，时间充裕的话，可以根据自己的兴趣选择参观。

午饭后可以选择品尝比利时国菜——海虹。之后前往原子塔和拉肯皇室庄园参观（乘坐地铁在 Heysel站下车）。

Day 2 布鲁塞尔——根特

清晨从布鲁塞尔火车南站出发，乘坐前往滑铁卢镇的列车凭吊滑铁卢古战场。古战场各景点间比较分散，可以作为一次不错的乡村漫步。

下午参观完返回布鲁塞尔，乘车前往根特。

Day 3　根特——布鲁日

小城根特，是一个很年轻很摩登的城市，它几乎汇集了比利时其他城市所有特色：啤酒、美食、古建筑、时尚……根特人天性乐观又乐于助人，在这儿只需慢慢游走在街道，欣赏中世纪的古老建筑，以及宗教气息浓厚的教堂。走累了，就来包比利时味儿炸薯条，喝杯醇美的樱桃啤酒。

宁静而淡雅的生活，让人完全与浮躁隔离。

享受够了这样的生活之后，乘车继续北上，前往布鲁日，做一个中世纪的梦。

Day 4　布鲁日——安特卫普

布鲁日被称为欧洲的“北方威尼斯”，水是这座城市的女神和守护神，房屋依河而建，红砖红瓦以及阶梯状的三角形屋顶使得整个小城如童话一般。因此，乘船游览布鲁日是很好的选择。

在美丽而娇小的布鲁日，也可以选择步行或是自行车，更好地亲近和品味中世纪风情。小城四周有城墙环绕，城门耸立，有的门边还有风车。从地图上看起来城区状如鹅卵，中心有两个紧邻的广场：布鲁日大市场(Markt)和博格(Burg)广场，邮局和银行都有这里，可以根据自己的喜好，选择路线进行游览。

傍晚时分乘火车前往安特卫普。

安特卫普是一个资源丰富的小城，这里有充满中世纪情调的古老建筑，这里有高潮神秘的钻石工艺，这里有享誉世界的绘画艺术，与宗教完美结合，这里还是欧洲第二、世界第四大港口。

Day 5　安特卫普——那慕尔

安特卫普比较推荐的景点有安特卫普大广场、圣母大教堂、钻石博物馆，鲁本斯故居等，因为小城不大，因此一天时间可以自由游览。

结束游览之后乘车前往比利时之行的最后一站——那慕尔。

Day 6　那慕尔——布鲁塞尔

那慕尔(Namur)是一个风格不同的比利时城市，非常像意大利的佛罗伦萨，运河，小桥，和迷人的城堡。登上城堡，整个城市将都在你的视野范围之内。由于地处要冲，历史上经常成为欧洲列强争夺的对象。对于那些要去瓦隆地区森林覆盖的阿登山地探险的人来说，那慕尔是一个极好的出发地。

下午或者晚上，玩够之后就乘车返回布鲁塞尔。买一些纪念品，带两盒巧克力，准备返回出发地吧。

吴蓉蓉 绘图

图书在版编目(CIP)数据

欧洲心脏——比利时/宋明江著. -上海:上海锦绣文章出版社,2013.7
(外交官带你看世界)
ISBN 978-7-5452-1399-7
Ⅰ. ①欧… Ⅱ. ①宋… Ⅲ. ①比利时-概况 Ⅳ.①K956.4
中国版本图书馆CIP数据核字(2013)第151595号

出 品 人　何承伟
责任编辑　高淑芳
特约审读　王瑞祥
整体设计　周艳梅
图文制作　费红莲
督　　印　张　凯

书　　名　欧洲心脏——比利时
著　　者　宋明江
出　　版　上海锦绣文章出版社·上海故事会文化传媒有限公司
发　　行　上海文艺出版(集团)有限公司
电话:021-60878676　021-60878682
传真:021-60878662
地址:上海打浦路443号荣科大厦1501室
电子邮箱:wyfx2088@163.com
邮编:200023
印　　刷　上海中华商务联合印刷有限公司
版　　次　2013年7月第1版　2013年7月第1次印刷
规　　格　889×1194　1/32　印张　5.5
书　　号　ISBN 978-7-5452-1399-7/K·540
定　　价　35.00元